essentials

essentials liefern aktuelles Wissen in konzentrierter Form. Die Essenz dessen, worauf es als „State-of-the-Art" in der gegenwärtigen Fachdiskussion oder in der Praxis ankommt. *essentials* informieren schnell, unkompliziert und verständlich

- als Einführung in ein aktuelles Thema aus Ihrem Fachgebiet
- als Einstieg in ein für Sie noch unbekanntes Themenfeld
- als Einblick, um zum Thema mitreden zu können

Die Bücher in elektronischer und gedruckter Form bringen das Fachwissen von Springerautor*innen kompakt zur Darstellung. Sie sind besonders für die Nutzung als eBook auf Tablet-PCs, eBook-Readern und Smartphones geeignet. *essentials* sind Wissensbausteine aus den Wirtschafts-, Sozial- und Geisteswissenschaften, aus Technik und Naturwissenschaften sowie aus Medizin, Psychologie und Gesundheitsberufen. Von renommierten Autor*innen aller Springer-Verlagsmarken.

Weitere Bände in der Reihe https://link.springer.com/bookseries/13088

Michail Logvinov

Qualität in der Deradikalisierungsarbeit

Dimensionen – Potenziale –
Desiderata

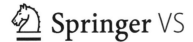 Springer VS

Michail Logvinov
Berlin, Deutschland

ISSN 2197-6708   ISSN 2197-6716 (electronic)
essentials
ISBN 978-3-658-36551-6   ISBN 978-3-658-36552-3 (eBook)
https://doi.org/10.1007/978-3-658-36552-3

Die Deutsche Nationalbibliothek verzeichnet diese Publikation in der Deutschen Nationalbiblio-
grafie; detaillierte bibliografische Daten sind im Internet über http://dnb.d-nb.de abrufbar.

Planung/Lektorat: Dr. Cori Antonia Mackrodt
Springer VS ist ein Imprint der eingetragenen Gesellschaft Springer Fachmedien Wiesbaden GmbH
und ist ein Teil von Springer Nature.
Die Anschrift der Gesellschaft ist: Abraham-Lincoln-Str. 46, 65189 Wiesbaden, Germany

Was Sie in diesem *essential* finden können[1]

- Eine Diskussion der Ansätze zur Qualitätsgestaltung in der tertiären Prävention.
- Eine Diskussion der Inhalte, Funktionen und Dimensionen der Qualität.
- Eine Diskussion der organisatorischen Ansätze der Qualitätsentwicklung und Effektivitätsgestaltung.
- Eine Diskussion der Potenziale und Desiderata der Qualitätsentwicklung in der Deradikalisierungsarbeit.

---

[1] Dieses essential stellt eine überarbeitete und erweiterte Fassung des zuerst im Sammelband „Schnitt:stellen 2.0: Neue Erkenntnisse aus Forschung und Beratungspraxis im Phänomenbereich islamistischer Extremismus" erschienenen Beitrags des Verfassers dar (Logvinov 2021). Die Publikation wurde ermöglicht durch eine Förderung des Bundesamtes für Migration und Flüchtlinge aus Mitteln des Nationalen Präventionsprogramms gegen islamistischen Extremismus (NPP) der Bundesregierung. Die Veröffentlichung stellt keine Meinungsäußerung des Bundesamtes für Migration und Flüchtlinge (BAMF) oder des Bundesministeriums des Inneren, Bau und Heimat (BMI) dar. Für inhaltliche Aussagen trägt der Autor die alleinige Verantwortung.

Inhaltsverzeichnis

Abbildungsverzeichnis

Tabellenverzeichnis

Problemstellung 1

Spätestens infolge einer erfolgreichen Mobilisierungskampagne des „Islamischen Staates", zahlreicher Ausreisen und der Rückkehr von deutschen Staatsbürger*innen aus den syrischen und irakischen Kriegsgebieten ist die zivilgesellschaftliche Deradikalisierungsberatung im Phänomenbereich „Islamistischer Extremismus" endgültig dort angekommen, wo die Fachpraxis formal verortet wird, – im risikobehafteten, sicherheitsrelevanten Bereich der (sekundären und) tertiären Prävention.[1] Die voranschreitende Versicherheitlichung[2] in diesem Tätigkeitsfeld stellt insofern größtenteils kein sicherheitspolitisches Artefakt mehr dar, sondern eine Konsequenz des objektiv gewandelten Rahmens sozialpädagogischen und sozialarbeiterischen Handelns – mit der Folge, dass Maßnahmen und Ansätze der Fachpraxis konkrete Auswirkungen auf die Sicherheitslage haben können. In diesem Zusammenhang wird deutlich, dass die systematische Qualitätsentwicklung[3] (QE) und eine Diskussion über Effekte und Wirkungen der Deradikalisierung zu einem integralen Bestandteil dieses Arbeitsfeldes werden müssen.

---

[1] Ich danke den FZ BAMF-Mitarbeiter*innen und meinen ehemaligen Kolleg*innen vom Grünen Vogel e. V. für die kritische Lektüre des Manuskripts und Anregungen.

[2] Der Begriff „Versicherheitlichung" meint in der Fachdebatte, dass „Akteure der Zivilgesellschaft, (sozial-)pädagogische Einrichtungen und Behörden aktiviert werden [sollen], vorbeugend an dem Ziel einer sicheren Gesellschaft zusammenzuarbeiten" (Herding et al. 2021, S. 15; vgl. auch Figlestahler und Schau 2020; MAPEX 2021b; Schuhmacher 2018).

[3] Vgl. die Definition der Bundeszentrale für gesundheitliche Aufklärung (Kolip 2017): „*Qualitätsentwicklung* bedeutet die Förderung von strukturellen Bedingungen, Prozessen und Konzeptionen, die zur Entwicklung von Qualität notwendig sind. Qualitätsentwicklung impliziert also eine gezielte, schrittweise Entwicklung zu *mehr* Qualität (kontinuierliche Qualitäts*verbesserung*)".

M. Logvinov, *Qualität in der Deradikalisierungsarbeit*, essentials, https://doi.org/10.1007/978-3-658-36552-3_1

Folgerichtig machte die Bundesregierung im Konzeptpapier zum „Nationalen Präventionsprogramm gegen islamistischen Extremismus" die wissenschaftliche Begleitung von Präventionsmaßnahmen, die Evaluation und Qualitätssicherung[4] (QS) zum Thema und verpflichtete sich, die Entwicklung von geeigneten Instrumentarien weiter voranzubringen.[5] Diese Selbstverpflichtung zur Förderung der (Weiter-)Entwicklung von geeigneten Instrumenten durch – des Öfteren – *externe* Akteure[6] zeugt von einer spezifischen Nuancierung der QE in der Extremismusprävention, die sich von anderen Qualitätsphilosophien, etwa in der Sozialen Arbeit, teils abhebt.[7]

Wer einen Blick auf die Qualitätsanforderungen in den Sozialgesetzen wirft, wird feststellen, dass Qualität für alle Felder der Sozialen Arbeit rechtlich normiert und obligatorisch ist (Herrmann und Müller 2019, S. 24). Dabei lassen sich thematisch und prozessual mindestens drei Arten von Regelungen unterscheiden, die allesamt darauf ausgerichtet sind, Prozesse der *internen* QE voranzubringen. Im Bereich des SGB III (Arbeitsförderungsrecht) ist bspw. eine Qualitäts*sicherungs*- und *Zertifizierungs*vereinbarung verankert (ähnlich im SGB

---

[4] Vgl. Kolip (2017): „*Qualitätssicherung* bedeutet die Sicherstellung eines angestrebten und durch den Einsatz geeigneter Mittel herstellbaren Qualitätsniveaus von Produkten, Prozessen oder Dienstleistungen".

[5] „Die Bundesregierung setzt auf wissens- und evidenzbasierte Konzepte und Strategien. Daher werden vom Bund geförderte Maßnahmen wissenschaftlich begleitet und evaluiert mit dem Ziel, diese kontinuierlich zu verbessern. Deshalb wird die Bundesregierung die Entwicklung von geeigneten Instrumentarien der Evaluation und Qualitätssicherung weiter voranbringen. Um die Wirksamkeit der Extremismusprävention zu erhöhen, bedarf es darüber hinaus einer umfassenden wissenschaftlichen Bestandsaufnahme der Präventions- und De-Radikalisierungsarbeit in Deutschland, umfassender Erkenntnisse über Ursachen und Verläufe von individuellen und kollektiven Radikalisierungsprozessen sowie der Nutzbarmachung dieser Erkenntnisse für handelnde Akteure. Die Bundesregierung wird ihre Forschungsförderung auf diesen Gebieten weiter verstärken. Zudem wird die Bundesregierung die praxisorientierte Forschung zur Weiterentwicklung der präventiv-pädagogischen Arbeit sowie zu Ansätzen der Ausstieges- und Distanzierungsarbeit fördern" (BMI 2017, S. 5).

[6] Vgl. bspw. die vom BMI geförderten Projekte wie *PrEval* (Evaluationsdesigns für Präventionsmaßnahmen – multimethodische Ansätze zur Wirkungsermittlung und Qualitätssicherung in der Extremismusprävention), *PrADera* (Praxisorientierte Analyse von Deradikalisierungsverläufen), *EPA-islEx* (Entwicklung eines partizipativen Verfahrens und Datenmodells für den Wissenstransfer zu Entwicklungsverläufen im Phänomenbereich des islamistisch begründeten Extremismus aus Sicht der Beratungspraxis) und *ZIVI-Extremismus* (Einschätzung des Handlungs- und Interventionsbedarfs bei islamistisch begründeter Radikalisierung in der Beratungspraxis – Entwicklung eines Zielerreichungs- und Verlaufsbewertungsinstruments).

[7] Die Logik der externen Qualitätsförderung resultierte aus dem Koalitionsvertrag der Bundesregierung.

IX). Nach §§ 176 ff. des SGB III werden nur solche Träger mit Aufträgen der beruflichen Weiterbildung betraut, die die gesetzlichen Anforderungen in Verbindung mit der Akkreditierungs- und Zulassungsverordnung Arbeitsförderung (AZAV) erfüllen, welche auch Aspekte des Qualitätsmanagements[8] (QM) enthält (DGQ 2016, S. 19). Im SGB II (Leistung zur Eingliederung in Arbeit) und SGB VII (Sozialhilfe) sind die *Leistungs-* und *Prüf*vereinbarung verankert (Herrmann und Müller 2019, S. 26 f.).

Das SGB VIII (Kinder- und Jugendhilfegesetz) enthält eine Qualitäts*entwicklungs*vereinbarung in Form einer fachlichen Verpflichtung, pädagogische Konzeptionen zu entwickeln, Instrumente und Verfahren der Evaluation einzusetzen sowie Maßstäbe für die Bewertung der Qualität und Maßnahmen zu ihrer Gewährleistung weiterzuentwickeln, anzuwenden und regelmäßig zu überprüfen (vgl. §§ 22a, 78b, 79 und 79a). Drei Merkmale prägen den Umgang mit Qualität im SGB VIII (Merchel 2013, S. 27):

1) der Akzent auf der fachlich-entwickelnden Dimension;
2) der dialogische Charakter der Qualitätsentwicklung und
3) der prozessuale Akzent, d. h. die Betonung einer „kontinuierlich zu betreibenden Entwicklungsaufgabe" im Gegensatz zu einem „eher statischen Sicherungsdenken".

Somit ist Qualität in den für die Soziale Arbeit grundlegenden Gesetzbüchern in dreierlei Hinsicht relevant:

„als Frage einer spezifischen *Organisationsgestaltung,* als Element von *Vereinbarungen* zwischen Leistungsträger und Leistungsersteller sowie als *fachlich* zu entwickelnde Größe. Dabei sind *zwei unterschiedliche Grundlogiken* zu erkennen. Die eine lautet: *Qualität muss gesichert werden.* Dies erfordert ein gezieltes Management von Qualität und Vereinbarungen zwischen Auftraggebern und Auftragnehmern. Die andere Logik lautet: *Qualität muss entwickelt werden.* Dafür wird fachliche Entwicklungsarbeit benötigt" (Herrmann und Müller 2019, S. 27).

---

[8] Vgl. Kolip (2017): „*Qualitätsmanagement* umfasst die Gesamtheit aller qualitätsbezogenen Aktivitäten einer Organisation und damit auch einzelne Aktivitäten der Qualitätssicherung und Qualitätsentwicklung. Qualitätsmanagement beinhaltet a) Qualitätspolitik, das Setzen von Zielen, b) das Schaffen struktureller Voraussetzungen zum Erreichen der Ziele, c) zielorientierte Prozesssteuerung, d) die Prüfung des Zielerreichungsgrades, also Qualitätssicherung, und e) datengestützte Informationen über Schwachstellen und Entwicklungspotenziale an die Prozess- und Produktverantwortlichen als Grundlage von Qualitätsentwicklung. Ein umfassendes Qualitätsmanagement erfordert eine institutionelle Verankerung (Qualitätsmanagement*system*) und die Bereitstellung hinreichender Mittel, um diesen Gesamtprozess kontinuierlich durchzuführen".

Auch in der Extremismusprävention gewinnt die Qualitätsdebatte an Fahrt. Hier lassen sich jedoch mindestens zwei wesentliche Unterschiede feststellen: Einerseits handelt es sich primär um die Selbstverpflichtung der „Program Owner" zur (Weiter-)Entwicklung von Qualität mit vorwiegend externen Forschungs- und Evaluationsmaßnahmen – im Gegensatz zu einer dezidierten Qualitätssicherungs- oder Qualitätsentwicklungsvereinbarung mit den jeweiligen Trägern (externe vs. interne Qualitätsförderung). Andererseits heben das zitierte NPP-Konzeptpapier und einschlägige Forschungen über das Arbeitsfeld auf die QS ab.[9] So lautet der Titel eines Beiheftes zum MAPEX[10]-Projekt „Strukturen schaffen, gemeinsam handeln und Qualität sichern" (vgl. Uhlmann 2021). Als QS-Maßnahmen identifizierte das Projektteam 1) die professionelle (Weiter-)Entwicklung von methodischen Ansätzen und die Ausbildung von Fachkräften, 2) das Betreiben phänomenübergreifender vor phänomenspezifischer Prävention, 3) die Einführung des Mehraugenprinzips und 4) den Ausbau der systematischen Bestandsaufnahme

---

[9] Allerdings werden hierbei eher selten Maßnahmen des (internen) QM reflektiert. „Ein ganzheitliches Qualitätsmanagement umfasst drei Elemente: die Entwicklung und Fortschreibung von Qualitätsstandards, die Förderung ihrer Umsetzung und schließlich die Überprüfung der Ergebnisse dieser Umsetzung. [...] Zu fragen ist auch, ob es zu den erwünschten Resultaten geführt hat – und dazu bedarf es der Evaluation" (Heil et al. 2001, S. 32). Wesentlich für QS sind also fachlich begründete und wirksame Standards, die die Prozesssicherheit gewährleisten und eine kontrollierte sowie systematische Bewerkstelligung des Erfolgs ermöglichen (Vomberg 2010, S. 15). QS als Teilfunktion des QM wird verstanden als „Sammelbegriff für alle Maßnahmen [...], mit denen eine *Vorbereitung, Begleitung* und *Überprüfung* der Realisierung geplanter Qualität erfolgt, d. h. eine konstante Qualität der Produkte und Leistungen gewährleistet wird. *Bevor Qualitätssicherung stattfinden kann, müssen Qualitätsziele benannt und Qualitätsmaßstäbe entwickelt worden sein* [Herv. durch den Verf.]. Verfahren und Methoden dafür sind z. B. Prozessbeschreibungen, regelmäßige statistisch gestützte Überprüfungen oder Audits" (Herrmann und Müller 2019, S. 35). Als „technokratischer" und fachfremder Begriff ist QS in der Sozialen Arbeit umstritten, auch wenn es etwa um die allgemeingültig definierte Qualität sozialer Dienstleistungen geht bzw. gehen soll (Vomberg 2010, S. 15 f.). Weiter verbreitet ist demgegenüber der Begriff der QE, verstanden als „ein *fachlich begründetes* und *arbeitsfeldspezifisches* Bemühen [...], die Leistungen fortlaufend im Hinblick auf ihre Aufträge, Ziele, Methoden und Strukturen zu gestalten und zu verbessern. QE ist so verstanden ein prozedurales Vorgehen zur Weiterentwicklung einer Organisation, das den *fachlichen Bezug* der qualitätsfördernden Maßnahmen betont gegenüber eher ‚formalen und instrumentenbezogenen' Vorgehensweisen. Spezifische Bedingungen des Arbeitsfeldes, wie notwendige organisatorische Gegebenheiten, gesetzliche Vorgaben, nutzer*innenbedingte Anforderungen sowie Charakteristika und ethische Standards der beteiligten Berufsgruppen müssen dabei bedacht werden" (Herrmann und Müller 2019, S. 35).

[10] Mapping und Analyse von Präventions- und Distanzierungsprojekten im Umgang mit islamistischer Radikalisierung.

von Präventions- und Interventionsprojekten für alle Formen des Extremismus (Mapex 2021a, S. 18 ff.). Es ist zugleich augenscheinlich, dass die Sicherstellung der Qualitätsanforderungen über die angesprochenen Ebenen hinausreicht. Weitere Qualitätsmerkmale praktischer Arbeit beziehen sich demnach auf strukturelle Bedingungen (Träger, Mitarbeitende, Projektstruktur, Vernetzung) und die Professionalität (Behr et al. 2021).[11] Seltener kreist die Qualitätsdiskussion um (strukturelle) Kriterien, die weniger von den Rahmenbedingungen denn von den Arbeitsweisen der Träger abhängen (bspw. Konzeptionen, systematische Datenerfassung und -auswertung, Berichtswesen oder Aspekte wie Fall-, System und Selbstkompetenzen; vgl. Möller und Neuscheler 2018).

Mit Blick auf Gelingensbedingungen der Deradikalisierungsarbeit ist es weiterhin notwendig, nach wissenschaftlichen Kriterien zu systematisieren und entsprechende Merkmale sowie Potenziale im Einzelnen zu konkretisieren bzw. zu operationalisieren. Überdies ist keine QS ohne fachbezogene interne QE möglich. Im Folgenden wird daher auf vielversprechende Verfahren der Qualitätsförderung anhand beachtenswerter Ansätze aus verschiedenen Arbeitsbereichen und Forschungssträngen eingegangen.

---

[11] Aus polizeifachlicher Sicht ergeben sich fünf zentrale Anforderungen an die gesamtgesellschaftliche Prävention: 1) die Koordination von Präventions- und Deradikalisierungsmaßnahmen, 2) eine gezielte Ressourcensteuerung für Präventionspraxis und Forschung, 3) Qualitätsmanagement und transparente Evaluation, 4) ein effektives System des Wissensmanagements und 5) ein Ausbau der Kooperation zwischen Sicherheitsbehörden und Zivilgesellschaft (Münch 2020, S. 9).

Qualität: Inhalt, Funktionen und Dimensionen

Qualität ist ein mehrdimensionales Konstrukt und lässt sich aus unterschiedlichen Perspektiven im Hinblick auf seine logischen Dimensionen definieren. Die deskriptiv-analytische Dimension bezieht sich auf eine wertneutrale Beschreibung – objektiver Qualitätsbegriff – der Beschaffenheit eines Produktes oder einer Dienstleistung (Merchel 2013, S. 40; Vomberg 2010, S. 13). Die evaluativen und normativen Dimensionen setzen darüber hinaus eine kriterienbasierte Bewertung einer Sache bzw. Leistung voraus, die aus mindestens drei Perspektiven erfolgen kann (Merchel 2013, S. 40 f.):

1) einer Perspektive der Anspruchsgruppen bzw. Stakeholder (bspw. Leistungsempfänger*innen, Leistungsträger*innen, Kooperationspartner*innen, Öffentlichkeit);
2) einer organisationsbezogenen Perspektive (organisationsinterne Sicht auf die Qualität) und
3) einer fachlichen Perspektive (state of the art bzw. aktueller Stand der Fachdiskussion).

Abschließend kommt die handlungsorientierte Dimension des Qualitätsbegriffs zum Tragen – als Ergebnis der evaluativ-normativen Bewertung und als Handlungsaufforderung, entsprechende Maßnahmen zur Verbesserung bzw. (Weiter-) Entwicklung oder zur Sicherung bzw. Aufrechterhaltung von Qualität zu treffen (Merchel 2013, S. 40). Was macht Qualität in der Beratung und Sozialen Arbeit aus?

Nach Zech und Dehn (2017, S. 31) begründet sich die Qualität personenbezogener Dienstleistungen in Beratung und Sozialer Arbeit aus der Sinnhaftigkeit der Praxis für die Leistungsnehmer, d. h. „aus den drei Sinndimensionen professionellen Handelns und Kommunizierens":

© Der/die Autor(en), exklusiv lizenziert durch Springer Fachmedien Wiesbaden GmbH, ein Teil von Springer Nature 2022
M. Logvinov, *Qualität in der Deradikalisierungsarbeit*, essentials,
https://doi.org/10.1007/978-3-658-36552-3_2

1) sachlich handelt es sich um *„objektive und objektivierbare Eigenschaften* des Handelns",
2) die soziale Sinndimension erfasst „das *interpersonale Verhältnis und Verhalten* der Beteiligten, das auf wechselseitige Anerkennung und Vertrauen gründet und strategische Umgangsformen ausschließt", während
3) die zeitliche Dimension vor allem den *richtigen Zeitpunkt* betont: „Ein Gelingen ist wesentlich an den richtigen Moment gebunden, in dem etwas zu geschehen hat, in dem zugreifend gehandelt werden muss. Im Prinzip richtige Handlungen zum falschen Zeitpunkt sind in der Regel nutzlos oder entfalten nur einen kleinen Teil ihrer angezielten möglichen Wirkungen. Ein weiterer Aspekt dieser Sinndimension bezieht sich auf das richtige Verhältnis von Aktionszeit und Reflexionszeit, damit Praxis nicht zum Aktionismus ausartet, sondern bewusst und begründet erfolgt".

Es ist also weder ein neues Argument, Qualität sei ein Konstrukt und setze einen „Aushandlungsprozess" voraus, noch ist es unmöglich, Qualität abhängig von bzw. im Einklang mit den jeweiligen Interessen verschiedener Anspruchsgruppen zu definieren.

In der Qualitätsdebatte der 1990/2000er Jahre sind in der Sozialen Arbeit viele Argumente diskutiert worden, die die Funktionen von Qualitätsentwicklung aus Sicht verschiedener Stakeholder betonten. Diese Argumente greifen auch im Hinblick auf die „Qualitätsoffensive" in der zivilgesellschaftlichen Deradikalisierungsberatung. Erstens erfüllt die explizite und organisatorisch verankerte Beschäftigung mit Qualität eine *Legitimierungsfunktion* nach außen und nach innen. Die Notwendigkeit einer Legitimierung *nach außen* hängt bspw. damit zusammen, dass die Leistungsnehmer*innen und die Öffentlichkeit Qualität(sentwicklung) voraussetzen (dürfen). Auch setzt die voranschreitende berufliche Organisation der Fachpraxis und die Professionalisierung im Tätigkeitsfeld Qualität auf die Tagesordnung. Denn: „Eine Profession, die auf Dauer glaubwürdig bleiben will, muss Auskunft darüber geben, was sie tut, warum sie es tut und welchen Nutzen ihr Handeln erzeugen will" (Merchel 2013, S. 34). Die Deradikalisierungspraxis bzw. -beratung ist im strengen Sinne zwar noch keine Profession. Nichtsdestotrotz stehen die Fachleute in der Pflicht, handlungsorientierte und kompetenzbezogene Professionalität an den Tag zu legen (Herrmann und Müller 2019, S. 51 ff.). *Intern* erweisen sich kritische Reflexionen des methodischen Handelns und der QE als professionsstabilisierend – mit Blick auf die Selbstvergewisserung hinsichtlich der Ziele, Prozesse sowie Ergebnisse und auf die Transparenz wie auch die Nachvollziehbarkeit der Qualitätsmaßstäbe (Merchel 2013, S. 35). Damit geht zweitens die *Orientierungsfunktion* der

Qualitätsdebatte einher, die es ermöglicht, intersubjektiv nachvollziehbare Qualitätsstandards[1] zu formulieren und in der Praxis umzusetzen und somit funktionale Diskrepanzen zu überwinden (Herrmann und Müller 2019, S. 22). Dadurch wird die Basis nach außen gerichteter Legitimation geschaffen oder erweitert.

Im sozialen Bereich herrscht grundsätzlich Einigkeit darüber, welche Dimensionen Qualität aufweist. Die im Jahr 1966 von Avedis Donabedian (2005) formulierte Differenzierung zwischen Struktur-[2], Prozess-[3] und Ergebnisqualität[4] (SPE-Modell) findet in den meisten Abhandlungen über das Qualitätsthema Erwähnung, in einigen Fällen erweitert um die Dimension der Konzeptqualität. Stockmann (2006, S. 171 f.) schlug vor, zwischen verschiedenen funktionalen Qualitätsdimensionen von Programmen zu unterscheiden:

1) die Planungs- und Durchführungsqualität (der Prozess der Leistungserstellung),
2) die interne wirkungsbezogene Qualität (die intendierten und nicht intendierten Wirkungen mit Blick auf die leistungserbringende Organisation „anhand der Kriterien Ziele/Zielakzeptanz, Personal, Organisationsstruktur, finanzielle Ressourcen, technische Infrastruktur und Organisationskonzeption"),
3) die externe wirkungsbezogene Qualität (die intendierten und nicht intendierten Wirkungen „im Hinblick auf die Akzeptanz der Leistungs- und Programmziele bei den Zielgruppen, die Zielgruppenerreichung, den Nutzen und die Verbreitung (Diffusion) in den Politikfeldern der Intervention"),

---

[1] „*Standards* sind [...] interne Normen einer Profession. Ein Standard ist ein von einer Profession selbst vereinbartes Leistungsniveau. Er begründet sich aus einem sachgemäßen Verhalten, bewertet aber auch mit der Richtig/Falsch-Unterscheidung" (Zech und Dehn 2017, S. 28). Zu den Zielen von Standards zählen: Basis für Verbesserungen zu schaffen, Qualitätsschwankungen zu reduzieren, Vertrauen und Beständigkeit zu fördern, Voraussetzungen und Vorgehensweisen zum Aufdecken von Problemen und Basis für Ausbildung sowie Training zu schaffen (Kostka und Kostka 2007, S. 39).

[2] Die zur Dienstleistungserstellung notwendigen Fähigkeiten und Kompetenzen, die technische Ausrüstung, die Arbeitsbedingungen und die Zugänge sowie Nutzungsmöglichkeiten eines Angebots.

[3] Prozesse sind Aktivitäten und Tätigkeiten, die Eingaben (input/income) in Ergebnisse (output/outcome) umwandeln. „Jeder Prozess hat ein Ziel bzw. Ergebnis. Dies sollte allen am Prozess Beteiligten klar sein. Ist das Ziel klar, kennt man die Richtung. Daher ist die Ergebnisorientierung ebenso von Bedeutung, denn hier können neue Ideen und langfristige Strategien entwickelt werden. [...] Die Prozesse müssen von den Mitarbeitern selbst analysiert und visualisiert werden, erst dann können sie verbessert werden [...]" (Kostka und Kostka 2007, S. 21 f.).

[4] Auswirkungen der Maßnahmen und bewirkte Änderungen bei Zielgruppen.

4) die Qualität der Nachhaltigkeit:
   a. auf der Programmebene (bspw. leistungsorientiert, systemorientiert, innovationsorientiert),
   b. auf der Makroebene (bspw. Effizienz, gesellschaftliche Relevanz).[5]

Damit Qualität gelingt, müssen Zech und Dehn (2017, S. 34 f.) zufolge neben dem gesamtgesellschaftlichen Kontext *personale, interaktionale* und *organisationale* Bedingungen erfüllt sein. Zu den *personalen* Voraussetzungen zählt etwa ein Qualitätsethos im Sinne der Einstellung von Mitarbeitenden zu und ihres Interesses an Qualität(sentwicklung). *Interaktionale* Bedingungen betreffen gelungene Kooperationsformen im Sinne einer bestmöglichen Erfüllung des gesellschaftlichen Auftrags. Die *organisationalen* Voraussetzungen bestehen in der Konzeptions-, Prozess und Strukturqualität, die sich in der Ergebnisqualität widerspiegeln. Demgemäß entsteht Qualität daraus, dass man *theoretisch reflektiert und methodisch begründet* (tut), was man tut. Die jeweiligen Sinndimensionen professionellen Handelns lassen sich spezifische Gelingensbedingungen zuordnen. Auf der personalen Ebene sind das bspw. (Zech und Dehn 2017, S. 179 f.):

- ein Qualitätsethos der Beschäftigten,

---

[5] Zwischen den vier funktionalen Qualitätsdimensionen bestehen logische Zusammenhänge (Stockmann 2006, S. 173):
- „Je höher die Planungs- und Durchführungsqualität, umso höher die *interne wirkungsbezogene Qualität*, da während der Planung und Implementation eventuell bestehende Leistungsmängel bei der Trägerorganisation ausgeglichen werden.
- Je höher die interne wirkungsbezogene Qualität, umso höher die *externe wirkungsbezogene Qualität*, da davon ausgegangen wird, dass für die effektive Umsetzung eines Programms eine leistungsfähige Trägerorganisation notwendig ist.
- Je höher die interne und externe wirkungsbezogene Qualität, umso höher die *Programm-Nachhaltigkeit*, da angenommen wird, dass die Chancen für die Erzielung von Nachhaltigkeit steigen, wenn ein leistungsfähiger Träger vorhanden ist, wenn die Zielgruppen das Programm-/Leistungsangebot hoch bewerten, es nutzen und damit zufrieden sind und wenn die Zielgruppen erreicht und hohe Diffusionswirkungen für eine möglichst weite und tiefgehende Verbreitung sorgen.
- Je höher die interne und externe wirkungsbezogene Qualität, umso höher die *Nachhaltigkeit auf der Makroebene*, da eine leistungsfähige Trägerorganisation die Voraussetzung für eine effiziente Leistungserstellung oder Programmimplementation ist, und da gesellschaftliche Relevanz und ökologische Verträglichkeit von der Akzeptanz der Zielgruppen, dem Nutzungsgrad, der Zufriedenheit mit dem Angebot und der Verbreitung in den relevanten Politikfeldern abhängen".

- ein Verständnis der QE als Teil der alltäglichen Arbeit,
- aktive Mitarbeit aller Beschäftigten bei der QE,
- Veränderungsbereitschaft und
- Reflexivität.

Zu den interaktionalen Gelingensbedingungen zählen z. B. (Zech und Dehn 2017, S. 176 ff.):

- funktionierende externe und interne Kooperationen der Beschäftigten,
- ein produktiver Umgang mit Widerständen und ein offener Umgang mit abweichenden Meinungen,
- transparente Kommunikation und gute wechselseitige Information aller Beteiligten,
- die Wertschätzung von Leistung und Würdigung von Erfolgen.

Als wichtige organisationale Voraussetzungen einer guten SPE-Qualität erwiesen sich (Zech und Dehn 2017, S. 173 ff.):

- ein die Praxis tatsächlich leitendes Leitbild (inkl. explizites Selbstverständnis als lernende Organisation),
- eine praktisch wirksame Definition des Gelungenen (inkl. handlungsleitende Zielsysteme),
- regelmäßige Evaluation der Praxis anhand der mit den Zielsystemen korrespondierenden Indikatoren,
- definierte und koordinierte Prozesse,
- eindeutige Zuständigkeiten,
- kontinuierliche und in die alltägliche Praxis integrierte QE als Bestandteil guter Arbeit,
- fest installierte Strukturen und Prozesse für die kontinuierliche QE,
- systematische Vor- und Nachbereitung der Qualitätstreffen und Entwicklungsworkshops,
- geeignete Fortbildungen und Personalentwicklungsmaßnahmen,
- Nutzung von Instrumenten der QE,
- externe Unterstützung durch (kollegiale) Beratung.

Trotz möglicher Abweichungen hinsichtlich ihrer Schwerpunkte haben Qualitätsmodelle mehr Ähnlichkeiten als Unterschiede. Allerdings variieren bspw. die Reihenfolge und die Gewichtung der Dimensionen je nach Betrachtungsperspektive. Während im *inputorientierten* Paradigma – Schaffung struktureller

Voraussetzungen, Prozessgestaltung, Ergebnisse – der sachlogische Ablauf der Leistungserstellung widergespiegelt wird, stellt sich die logische Reihenfolge im *ergebnisorientierten* Paradigma umgekehrt dar. Demnach erwarten die Nutzer*innen primär „einen Nutzen (Ergebnis) von der in Anspruch genommenen Dienstleistung und vertrauen darauf, dass der Anbieter, wenn er auch keine positive Wirkung (Outcome) garantieren kann, zumindest dafür sorgt, dass zielführende Rahmenbedingungen (Strukturen) und Handlungen (Prozesse) professionell arrangiert und diesbezüglich Leistungsversprechen (Output) erfüllt werden" (Gerull 2007, S. 74; zit. nach: Vomberg 2010, S. 20). Auch wenn das inputorientierte Paradigma die Qualitätsdiskussion in der Deradikalisierungsarbeit nach wie vor prägt, lohnt ein Perspektivenwechsel hin zur Ergebnisorientierung allemal.

Erwähnenswert ist außerdem, dass das Einordnen des Outputs (Leistungserbringung) in die Ergebnisqualität die Qualitätslogik bzw. die Logik der Qualitätsmodelle auf den Kopf stellt, denn eine Dienstleistung ist lediglich ein Mittel zum Zweck. Prozessqualität bezieht sich daher auf die Prozesse der Leistungserstellung (Planungs-, Durchführungs- und Interaktionsqualität), während die Ergebnisqualität die Wirkung bzw. Zielerreichung (Outcome) meint. Entscheidend ist daher die problemlösende Wirkung der Intervention bzw. Interaktion. Mit Strukturqualität lassen sich jene mehr oder minder dauerhaften Merkmale bzw. Rahmen- und Ausgangsbedingungen beschreiben – etwa Ressourcen, Kompetenzen, Methoden und Nutzungsmöglichkeiten –, die das qualitätsvolle Handeln und die Prozesssicherheit ermöglichen sollen (Vomberg 2010, S. 19).

Bei der Prozess- bzw. Interaktionsqualität ist es sinnvoll, zwischen *Primärprozessen* (direkte Interaktion mit Klient*innen) und *Sekundärprozessen* (keine unmittelbare Interaktion) zu unterscheiden, die „sich auf innere Abläufe und Kommunikationsformen innerhalb einer Organisation beziehen [...][6], auf Kontakte und Kooperationen mit externen Akteuren, z. B. fallbezogene Kooperationen mit Einrichtungen der Gesundheitshilfe (z. B. Psychiatrie), Kontakte mit Polizei und Gerichten oder Formen der Zusammenarbeit in Sozialraumgremien" (Merchel 2013, S. 49). Aus praktischer Sicht ist es außerdem notwendig, Schlüssel- bzw. Kernprozesse – bestehend aus Haupt- und Teilprozessen – als wiederkehrende Situationen sowie Anforderungen zu identifizieren und die dazugehörigen Qualitätskriterien zu definieren.

Die Identifikation und Beschreibung der jeweiligen Prozesse ist ein Bestandteil des internen Prozessmanagements, das es Beschäftigten ermöglicht, sich über

---

[6] Bspw. die Fallübergabe zwischen Fachkräften einer Einrichtung, die kollegiale Beratung und Erörterung der Falldokumentationen.

wichtige Aspekte der Prozessqualität zu verständigen (Dehn und Zech 2021, S. 115 ff.):

- Was ist der Auslöser und das Ergebnis eines Prozesses (Beginn und Ende)?
- Welcher Prozess(schritt) ist vor- und nachgelagert?
- Welche Anforderungen an die zusammenhängenden wiederkehrenden Situationen müssen erfüllt werden, damit der (Teil-)Prozess reibungslos funktioniert?
- Welche (Teil-)Prozesse bereiten am meisten Schwierigkeiten (inkl. Kooperationsnetzwerke)?
- Welche Aufgaben in welcher Reihenfolge müssen erledigt werden?
- Welche Kompetenzen werden benötigt und wer ist zuständig?
- Was sind die Arbeitsmittel und Fristen?
- Welche (Kern-)Schritte sichern das Prozessergebnis?

Es sei abschließend auf eine Erweiterung des SPE-Modells von Gerull (2007) in Anlehnung an das Dienstleistungsqualitätsmodell von Meyer und Mattmüller (1987) hingewiesen, in dem die Strukturqualität als Potenzialqualität aufseiten der Anbieter*innen (Spezifizierungs-[7] sowie Kontaktpotenzial[8]) und der Nachfrager*innen (Integrations-[9] sowie Interaktivitätspotenzial[10]) umdefiniert wurde. Bestimmte Merkmalskombinationen aufseiten der „Sender*innen" und der „Empfänger*innen" beeinflussen demgemäß die jeweiligen Prozessabläufe und die Interaktionsqualität, die sich auf die Ergebnisqualität auswirkt (Abb. 2.1). Der Grad an Spezifizierungen der bereitgehaltenen internen Fähigkeiten hinsichtlich der Bedarfe der Nachfrager*innen determiniert die Qualität der später zu erstellenden Leistungen (vgl. bereichs- und prozessbezogene Kompetenzen). Die positiven wie negativen Einflüsse der internen Kontaktsubjekte/-objekte machen dabei Kontaktpotenziale der Leistungsanbieter aus. Die Potenzialqualität der Klient*innen umfasst ihre Integrationspotenziale als Grundeinstellungen hinsichtlich ihrer Mitwirkung(sfähigkeit) an der Dienstleistungserstellung und Interaktivitätspotenziale im Sinne möglicher Kontakte zwischen mehreren Nachfrager*innen (Meyer und Mattmüller 1987, S. 192 ff.).

---

[7] Die Fähigkeit zur Herstellung einer kundenorientierten bzw. -spezifischen „Faktorenkombination" (Leistungsfähigkeit und methodische Handlungskompetenzen).

[8] Kommunikationssubjekte und -kanäle sowie die Fähigkeit, Klient*innen zu erreichen und zu informieren.

[9] Die Grundeinstellung bzw. Erwartungshaltung sowie Mitwirkungsbereitschaft bzw. -fähigkeit und physische, intellektuelle oder emotionale Voraussetzungen.

[10] Die Interaktion der Nachfrager*innen untereinander.

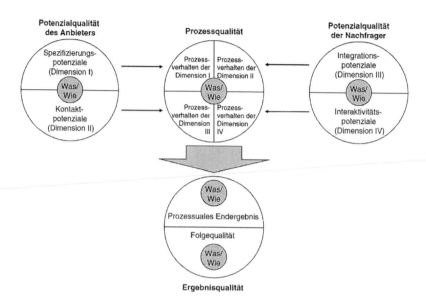

Abb. 2.1 Das Dienstleistungsqualitätsmodell von Meyer und Mattmüller (1987, S. 192). (Quelle: Bruhn (2019, S. 367))

Über die bereits diskutierten Dimensionen hinaus benannte Gerull (2007) eine weitere entscheidende Größe – die Infrastrukturqualität im Sinne der Ressourcenallokation und Vernetzung der Leistungsersteller. Im Gegensatz zum herkömmlichen SPE-Schema hilft die Anwendung des Dienstleistungsqualitätsmodells, die präventive Co-Produktion als „strukturelles Technologiedefizit" der Deradikalisierung besser zu erfassen.

Den Qualitätsdiskurs in der Extremismusprävention prägt eine ambivalente Haltung der Fachkräfte, die zwar grundsätzlich in der QE eine Chance sehen, zugleich aber den (externen) Maßnahmen der QS eher mit Skepsis begegnen. Interessanterweise werden größtenteils dieselben Argumente angeführt, mit denen auch die Soziale Arbeit die Qualitätsoffensive – (miss-)interpretiert als einen Angriff auf die eigene Fachlichkeit – „abzuwehren" versuchte. Ablehnung von vermeintlichem Bürokratieausbau und fachfremden Modellen, Hinweise auf bereits ergriffene Maßnahmen – von der Fallberatung über die Fachberatung bis hin zur Supervision – und vorhandene Kontrollen fungierten als argumentative „Schutzmauern" gegen „Zumutungen" und „Übergriffe" des neuen, wissenschaftlich begründeten Qualitätsmanagements (DGQ 2016, S. 13). Nicht selten heißt es nach wie vor, dass sich die aus den individuellen Fallkonstellationen resultierenden Maßnahmen der Normung entziehen und sich die Qualität der Arbeit daher nicht messen lässt (DGQ 2016, S. 12).

Selbst wenn die Argumentation stimmig und die jeweiligen Fallkonstellationen bzw. Merkmalskombinationen schier unendlich sein sollten, so reagiert doch die Fachpraxis auf dieses „Income" mit einem nicht beliebigen, da methodisch begründeten, und nicht unendlichen Instrumentarium von fachlich fundierten Maßnahmen. Bei der QE geht es daher darum, das eigene Handeln anhand von wissenschaftlichen und fachlichen Kriterien zu reflektieren und durch die Überprüfung anhand Qualitätskriterien/-indikatoren zu optimieren.

Wer der Überzeugung ist, Prozesse und Ergebnisse des sozialpädagogischen und sozialarbeiterischen Handelns seien nicht messbar, dem*der sei ein Interview des damaligen Bundestrainers Joachim Löw mit dem Titel „Leidenschaft ist nicht alles"[1] aus dem Jahr 2010 empfohlen, in dem er interessante Einblicke in die Qualitätsentwicklung bei der deutschen Nationalmannschaft gab (vgl. DGQ 2016, S. 147). Da wäre etwa die „Passung" bzw. Komplementarität des Teams mit Blick auf „Programmziele" und Zielerreichung (Konzept, Kompetenzen und Fähigkeiten der Mitarbeiter bzw. *Strukturqualität*):

> „Qualität ist schon das wichtigste Merkmal für die Umsetzung meiner Vorstellungen. Natürlich ist das subjektiv, aber ich weiß ja, was ich spielen möchte. Und deswegen verzichte ich vielleicht auf einen Spieler, den ein anderer Trainer nominiert hätte. *[Zum Beispiel?]* Kevin Kuranyi. Ich sage ja nicht, dass Kuranyi schlecht ist. Kuranyi ist schon gut. Wenn das Spiel auf ihn zugeschnitten ist, macht er auch immer seine Tore. Aber Miroslav Klose passt besser zu unserer Spielweise, zu Özil, Müller, Kroos oder Podolski, die kombinieren und den Ball flach halten wollen".

Auf die Analyse der Weltmeisterschaft angesprochen, ging Löw auf die Qualitätskriterien ein, die seiner Bewertung von Spielen zugrunde lagen, wie folgt ein *(Prozessqualität):*

> „Wir haben die wenigsten Fouls begangen und hatten die meisten Ballgewinne. Wir waren die Mannschaft, die am schnellsten vom Ballgewinn zum Abschluss kam. Wir waren mit Spanien die Mannschaft, die die meisten vertikalen Bälle gespielt hat, die auch ankamen: 85 Prozent. Besonders erfreulich ist für mich aber, dass wir relativ schnell spielen. Und nicht nur schnell, sondern auch präzise".

Mit der Frage – *Woran kann man das festmachen?* – wurden Messmethoden für einige relevante Indikatoren angesprochen:

> „Wir haben 2005 angefangen zu messen, wie lange es im Schnitt von der Ballannahme bis zum Abspiel dauert. Damals waren es 2,8 Sekunden, 2008 waren es 1,7 Sekunden, und jetzt bei der WM 1,1 Sekunden. Spanien liegt bei 1,0. Das lässt schon den Rückschluss zu, dass unser Spiel von guter Qualität war. Wir hatten aber auch Spiele, in denen wir schlecht waren. In der ersten Halbzeit gegen Serbien lag der Wert bei 1,6 Sekunden. Da ist alles ein bisschen zähflüssig gewesen".

Mit Blick auf die *Resultate* merkte Löw an: „Natürlich wären wir gern Weltmeister geworden, aber ein Trainer misst eine Entwicklung auch an anderen Dingen. Und die sind für mich überaus befriedigend". Vier Jahre später gewann die deutsche Nationalelf den Weltmeistertitel.

Am Beispiel dieser „fachfremden", aber durchaus beachtenswerten Qualitätsentwicklung wird ersichtlich, dass es nur wenige nicht messbare Prozesse

---

[1] Online verfügbar unter: https://www.tagesspiegel.de/themen/nationalelf/loew-vor-tuerkeispiel-im-interview-leidenschaft-ist-nicht-alles/1950788.html (8. Oktober 2010).

gibt, wenn die Zweck-Mittel-Ergebnis-Relationen bestimmt und die relevanten Messgrößen definiert sind.

Der Qualitätsdiskurs in der Extremismusprävention ist eher zweigeteilt – ganz ähnlich wie in der Sozialen Arbeit der 1990/2000er Jahre. Unter dem Begriff „fachliche Standards" werden primär Fragen der „Strukturqualität" im oben beschriebenen Sinn und ethische Grundsätze erörtert (BAG RelEx 2019; vgl. Allroggen et al. 2020, S. 511; Merchel 2013, S. 30). Einen Schritt weiter ging das Beratungsstellen-Netzwerk des BAMF mit den „Standards in der Beratung des sozialen Umfelds (mutmaßlich) islamistisch radikalisierter Personen", die die Ebene der Prozessqualität mit einigen Arbeitsschritten der Beratungsarbeit abbilden (VPN 2020; vgl. Uhlmann 2017, S. 42 ff.). Im „weltweit ersten Qualitätshandbuch für strukturelle Standards in der Deradikalisierungsarbeit"[2] wurden tatsächlich erstmals die Befunde der evidenzorientierten Erforschung der Umsetzungsqualität von Resozialisierungsprogrammen berücksichtigt, weshalb die „strukturellen Qualitätsstandards" von der Logik der ersten Formulierungsversuche des Autors (Köhler 2014) abweichen (Köhler 2016, 2018). Neuere Forschungen benennen weitere wichtige Dimensionen wie etwa „die Kraftfelder oder Resonanzräume der praktischen Arbeit" (Mapex 2021b, S. 274 ff.). Zugleich bleiben die analytische Durchdringung und der Spezifizierungsgrad der Prozess- und Ergebnisqualität hinter den Rahmen- und strukturellen Gelingensbedingungen zurück, nicht zuletzt, weil die Elemente der strukturellen Qualität sich einfacher operationalisieren lassen.

Die teils ambivalente Haltung der Fachpraxis gegenüber der Überprüfung und gezielten Optimierung von Prozessen, Maßnahmen und Effekten wirkt angesichts einer vergleichsweise lebendigen Standard- und Evaluationsdiskussion auf den ersten Blick verwunderlich (vgl. Koynova 2021). Beim genauen Besehen lässt sich jedoch die Konzentration auf die unumstrittenen ethischen Standards und strukturellen Kriterien durch ihre „entlastende Funktion" erklären. Die Rahmen- und strukturellen Gelingensbedingungen werden bekanntlich von politischen Entscheidungsträgern gesetzt, wodurch die Verantwortung für Qualität „externalisiert" werden kann: „Wenn die Qualität der Einrichtung in erster Linie als ein Produkt der Rahmenbedingungen konzipiert wird, gerät die möglicherweise belastende Suche nach intern verursachten Qualitätsmängeln in den Hintergrund, bzw. sie wird in ihrer Bedeutung als sekundär definiert" (Merchel 2013, S. 31). Dergestalt können die vorhandenen Limitierungen in den Vordergrund gerückt und/oder als Ursache für mögliche Qualitätseinschnitte interpretiert werden (vgl. Kurtenbach und Schumilas 2021, S. 156 ff.; Behr et al. 2021, S. 289).

---

[2] So die Beschreibung auf der Homepage des Autors (Stand: Juni 2021).

Es sind vor allem die neuen Akzente des Qualitätsdiskurses, welcher die Prozess- und Ergebnisqualität hervorhebt, die die Ambivalenz im Feld erklären können (Merchel 2013, S. 31). Da das professionelle Handeln nicht nur ein Ergebnis der organisationalen, sondern auch der persönlichen Leistung darstellt, ist die Erweiterung der Qualität um die genannten Aspekte zwar notwendig, kann aber subjektiv als Belastung infolge eines „Bewertungsdrucks" wahrgenommen werden (Herrmann und Müller 2019, S. 55). Denn die Qualitätsdiskussion fordert einerseits „Konkretisierungen und Indikatoren, um Konzept und Handeln näher aneinander zu rücken, um das Alltagshandeln stärker konzeptionell auszurichten und um die Begründungen für […] sozialpädagogisches Handeln transparenter werden zu lassen" (Merchel 2013, S. 32). Andererseits geht es um einen Ausbau der kontinuierlichen Qualitätsentwicklung und -bewertung.

Die Ausweitung des Blicks über den strukturellen Rahmen hinaus rückt fachliche Konzeptionen und Maßnahmen in den Mittelpunkt, wodurch die Wirkungsebene in den Fokus gerät und transparenter gestaltet wird. Da Konzeptionen bzw. Konzepte[3] bekanntlich Entwürfe von Wirkungszusammenhängen für das methodische Handeln sind, wird auf diese Weise Wirkung als dialogisches Konstrukt gezielt in die QE integriert, wobei die mit der Wirkungsmessung einhergehenden Schwierigkeiten nicht als Begründung gelten dürfen, „um sich auf Strukturqualität und Prozessqualität zu beschränken" (Merchel 2013, S. 62; vgl. Herrmann und Müller 2019, S. 153).

Wenn von (externen) Wirkungen die Rede ist, sind mindestens drei Effekte der Leistungen gemeint: 1) Auswirkungen auf verhaltensrelevante Eigenschaften der betroffenen Personen (bspw. Emotionen, Kognitionen, Wahrnehmungsmuster, Fähigkeiten), 2) Auswirkungen auf das Verhalten der Klient*innen (Handlungsoptionen) und 3) Auswirkungen auf das soziale Umfeld (Diffusionswirkung). Neben selbstberichteten bzw. erlebten Wirkungen von Beratungsnehmer*innen – expliziert bspw. durch die Zufriedenheits-/Unzufriedenheitsmessung, die Methode der kritischen Ereignisse oder die sequenzielle Ereignismethode – lassen sich Wirkungen anhand messbarer Indikatoren in der Logik von Ursache-Wirkungs-Zusammenhängen festhalten.

---

[3] Vgl. Geißler und Hege (2010, S. 23): „Unter Konzept verstehen wir ein Handlungsmodell, in welchem die Ziele, die Inhalte, die Methoden und die Verfahren in einen sinnhaften Zusammenhang gebracht sind. *Dieser Sinn stellt sich im Ausweis der Begründung und der Rechtfertigung dar* [Herv. durch den Verf.]".

Qualität von Präventions- und Interventionsprogrammen – Standards und Indikatoren

Qualitätsindikatoren gelten als Goldstandard der Darstellung, Bewertung und Verbesserung von Qualität; allerdings können Qualitätsindikatoren als Steuerungsinstrumente ihren Zweck nur erfüllen, wenn sie selbst „bestimmte Qualitätsanforderungen erfüllen" (Reiter et al. 2008, S. 684). In diesem Zusammenhang wurde etwa in der Medizin mit QUALIFY ein standardisiertes und erprobtes Instrument zur Bewertung von Qualitätsindikatoren entwickelt, das 20 validierte evidenzbasierte Gütekriterien in drei Kategorien – Relevanz, Wissenschaftlichkeit und Praktikabilität – umfasst (Reiter et al. 2008, S. 685).[1] Trotz der Forderung nach besserer bzw. mehr Qualität(skontrolle) in der Extremismusprävention und Deradikalisierung liegen in der Praxis- und Extremismusforschung keine vergleichbaren Ansätze vor (vgl. Slama und Kemmesies 2021; Mapex 2021b). Dies gilt gleichermaßen für einschlägige Arbeitsgemeinschaften und Kompetenznetzwerke der Fachpraxis.

Auch in anderen Fachbereichen hat QE beachtenswerte Ergebnisse erzielt, die bei Lichte betrachtet zahlreiche Implikationen für die Extremismusprävention und die Deradikalisierungsarbeit besitzen. Drei Forschungsstränge stehen in diesem Teilkapitel über die Soziale Arbeit hinaus im Mittelpunkt: 1) die Erforschung

---

[1] Methodische Gütekriterien für die drei Kategorien lauten wie folgt: 1) Bedeutung des mit dem Qualitätsindikator erfassten Qualitätsmerkmals für das Versorgungssystem, Nutzen und Berücksichtigung potenzieller Risiken/Nebenwirkungen; 2) Indikatorevidenz, Klarheit der Definitionen (des Indikators und seiner Anwendung), Reliabilität, statistische Unterscheidungsfähigkeit, Risikoadjustierung, Sensitivität, Spezifität und Validität; 3) Verständlichkeit und Interpretierbarkeit für Patienten und interessierte Öffentlichkeit, Verständlichkeit für Ärzte und Pflegende, Beeinflussbarkeit der Indikatorausprägung, Datenverfügbarkeit, Erhebungsaufwand, Implementationsbarrieren berücksichtigt, die Richtigkeit der Daten kann überprüft werden, die Vollständigkeit der Daten kann überprüft werden, die Vollzähligkeit der Daten kann überprüft werden (Reiter et al. 2008, S. 685).

M. Logvinov, *Qualität in der Deradikalisierungsarbeit*, essentials, https://doi.org/10.1007/978-3-658-36552-3_4

der Umsetzungsqualität von Resozialisierungsinterventionen, 2) Qualität in der Kriminalprävention und 3) die Effektivitätsforschung im Zusammenhang mit der Tätigkeit von gemeinnützigen bzw. Non-Profit-Organisationen (NPOs).

4.1   Umsetzungstreue von Resozialisierungsprogrammen

Dieser Forschungsstrang resultierte aus dem anfänglichen „Schockzustand" anlässlich der kritischen Evaluationsbefunde, die darauf hindeuteten, dass die als erfolgreich geltenden Programme[2] weniger Nutzen erbrachten als angenommen.[3] Daraufhin ging die so genannte „Kanadische Schule" in die Offensive der Wissensakkumulation und -generierung bspw. durch Meta-Analysen, was dazu führte, dass im ersten Schritt einige evidenzbasierte Gelingensbedingungen und Prinzipien von Interventionen formuliert werden konnten. Zu den Prinzipien zählen etwa (Gendreau et al. 2010):

1) das Risikoprinzip (Intensität von Interventionen je nach Risikograd der Klient*innen),
2) das Bedürfnisprinzip (dynamische Risikofaktoren – etwa antisoziale Einstellungen und Kontakte, fehlende Selbstkontrolle und defizitäres Selbstmanagement, Problemlösungskompetenzen – als primäre Interventionsgegenstände) und
3) das Ansprechbarkeitsprinzip (kognitive, Lern- und Verhaltenstherapien als vielversprechendere bzw. wirksamere Ansätze).

Des Weiteren wurden mindestens acht Gelingensbedingungen von Interventionen identifiziert (Smith et al. 2009, S. 153 ff.):

1) Risk/Need-Einschätzung,
2) Verbesserung intrinsischer Motivation,
3) zielgerichtete Interventionen,
4) Kompetenztraining und praktische Einübung von Kompetenzen,
5) positive Verstärkung,
6) Förderung der Unterstützung durch natürliche Gemeinschaften,

---

[2] Programme sind in diesem Kontext verschriftlichte Interventionspläne bzw. -entwürfe und deren Umsetzungen in die Praxis, die aus drei Grundelementen bestehen: der Ausgangssituation, den Aktivitäten und Resultaten (Herrmann und Müller 2019, S. 83).

[3] Vgl. die sogenannte „Nothing Works"-Diskussion nach der 1974 veröffentlichten Studie „What Works? Questions and Answers about Prison Reform" von Robert M. Martinson.

7) Messung relevanter Prozesse sowie Maßnahmen und
8) Zurverfügungstellung/Kommunikation der Messergebnisse.

Überdies konnten mindestens acht zentrale Arbeitsweisen (core correctional practices, CCPs) identifiziert werden, die auf wesentlichen Fertigkeiten der „effektiven Mitarbeiter*innen" beruhen und die Wirkung der Interventionen steigern (Gendreau et al. 2010):

1) antikriminelle Modellierung,
2) positive Verstärkung,
3) effektive Missbilligung,
4) effektiver Autoritätseinsatz,
5) strukturiertes Lernen,
6) Problemlösungskompetenzen und -verhalten,
7) kognitive Umstrukturierung und
8) Beziehungsfähigkeit.

So konnte die *„doing the right things"*-Dimension mit dem Risk-Need-Responsivity-Modell, den Prinzipien effektiver Interventionen und CCPs mehr oder minder zufriedenstellend abgebildet werden. Damit ging die Verpflichtung der zuständigen Akteure zur internen Qualitätssicherung und Förderung relevanter Arbeitsweisen sowie Fertigkeiten einher. Es stand zugleich die Frage im Raum, unter welchen (Rahmen-)Bedingungen die (therapeutischen) Interventionen im Einklang mit der Theorie und dem Design eines Programms umgesetzt werden können (*„doing things right"*).

Bereits Ende der 1970er Jahre betonte Herbert C. Quay (1977) die Notwendigkeit, diesen Aspekt als „drittes Gesicht" der Evaluation und QE in Betracht zu ziehen. Und Anfang der 1990er Jahre arbeiteten Andrews et al. (1993) zehn Hauptkriterien der Umsetzungstreue bzw. -qualität heraus. Dazu zählten (Andrews und Dowden 2005, S. 175):

1) ein spezifisches Modell oder eine für die Praxis relevante Theorie kriminellen Verhaltens,
2) die Auswahl der Mitarbeiter*innen nach relevanten, auch zwischenmenschlichen Kompetenzen,
3) ein programmrelevantes Training für das Personal,
4) die Supervision durch eine Person mit programmrelevanten Kompetenzen,
5) die Zurverfügungstellung eines Trainingshandbuchs,

6) strukturierte Verfahren zur Überwachung der Leistungserbringung und/oder der Zwischenergebnisse,
7) eine angemessene „Dosierung" (mind. 80 % des durch die Profession festgelegten Stundendeputats für bestimmte Risikogruppen),
8) die Programmdauer (neue Programme unter zwei Jahren lassen demgemäß weniger Programmabweichungen erwarten),
9) kleine Klient*innengruppen,
10) die Zusammenarbeit mit einem*einer Evaluationsforscher*in.

Bereits im Jahr 1988 schlug die Kriminologin Doris MacKenzie dem Psychologen Paul Gendreau vor, ein Instrument zur Bewertung der Effektivität von Programmen im Strafvollzug zu entwickeln. Das war die Geburtsstunde des „Correctional Program Evaluation Inventory" (CPEI) – seit 1996 als „Correctional Program Assessment Inventory" (CPAI) bekannt –, dessen Fassung CPAI-2010 143 Indikatoren in den folgenden neun Teilbereichen enthält (Kerr 2013, S. 5):

1) Programmcharakteristika bzw. „-demografie",
2) Organisationskultur,
3) Programmumsetzung,
4) Management- und Mitarbeiter*innen-Charakteristika,
5) „Risk-Need"-Verfahren,
6) Programmeigenschaften,
7) zentrale Interventionsbereiche inkl. Interaktionen und Kompetenzen,
8) zwischenbehördliche Kommunikation und
9) Evaluation.

Ende der 1990er Jahre haben Wissenschaftler*innen der University of Cincinnati das CPAI-Instrument an Programmen mit größeren Insassen-Populationen getestet und Belege für die Güte seiner Indikatoren beibringen können. Zugleich stellten sie einen Weiterentwicklungsbedarf fest. Infolgedessen haben die Expert*innen des University of Cincinnati Corrections Institute ein neues Instrument entwickelt, in das Items des CPAI und weitere Kriterien mit nachgewiesenen kausalen Zusammenhängen aufgenommen wurden. Im Ergebnis entstand die „Evidence-Based Correctional Program Checklist" (CPC) mit 77 (73 in der Version CPC 2.0) evidenzbasierten Effektivitätsindikatoren in fünf relevanten Programmbereichen (Duriez et al. 2018).[4]

---

[4] „The CPC comprises five domains (compared to the CPAI's six domains) and splits the domains into two basic areas. The first area, capacity, measures the degree to which a program has the ability to offer evidence-based interventions. The domains in this area are

Tab. 4.1 Durchschnittlicher CPC-Score untersuchter Programme. (Quelle: Duriez et al. 2018, S. 11)

	Average Score	Halfway House (n = 24)	Institutional (n = 97)	Outpatient (n = 136)	Most Common Scoring Category
Program leadership & development	71.7	69.1	69.7	76.4	Very high adherence to EBP
Staff characteristics	66.1	59.1	60.7	73.3	Very high adherence to EBP
Quality assurance	30.1	22.2	35.9	23.7	Low adherence to EBP
Capacity	58.9	53.6	57.6	61.9	High adherence to EBP
Offender assessment	54.7	43.0	62.4	47.6	Moderate adherence to EBP
Treatment characteristics	40.5	31.0	40.3	45.6	Low adherence to EBP
Content	44.8	35.6	47.3	46.2	Low adherence to EBP
Overall	50.5	42.8	51.4	52.4	Moderate adherence to EBP

EBP = evidence-based practice.

Die einzelnen Kriterien der CPC sind in der Deradikalisierungspraxis nicht unbekannt, allerdings weniger durch die Forschungen von Edward J. Latessa und Mitarbeiter*innen (Latessa 2013)[5], sondern durch eine Vereinnahmung der Gütekriterien im „Qualitätshandbuch für strukturelle Standards in der Deradikalisierungsarbeit" und in der „Deradicalization program integrity checklist" (DPIC) von Köhler (2016, 2017, 2018).

Die CPC stellt eines der wenigen Instrumente zur Bewertung der Qualität von Interventionsprogrammen dar, das quantifizierbare Angaben im Rahmen einer Evaluation und anschließend auch Vergleiche unterschiedlicher Projekte möglich macht (vgl. Tab. 4.1).

Im Einzelnen ergab ein Vergleich anhand der CPC-Indikatoren, dass ein Großteil der evaluierten Programme von (1) qualifizierten und erfahrenen Programmleitern gesteuert wurde, die sich (2) an der gendersensiblen Auswahl und der Ausbildung von Mitarbeiter*innen beteiligten, (3) ihr Personal adäquat beaufsichtigten und (4) Programme intensiv betreuten. Größtenteils basierten die untersuchten Programme (5) auf internen Auswertungen relevanter wissenschaftlicher Befunde; sie wurden (6) im Rahmen einer Pilotphase getestet,

---

program leadership and development, staff characteristics, and *quality assurance*. The second area of the CPC, content, assesses the extent to which a program adheres to the RNR principles, and consists of an *offender assessment* and a *treatment characteristics* domain. [...] Since 2005, when the CPC was developed, the general CPC tool has been adapted to assess specific types of programs that have their own subset of research within the broader context of correctional treatment programs. These adaptations include assessments for Community Supervision Agencies (CPC-CSA), general correctional treatment groups (CPC-GA), and Drug Court programs (CPC-DC)" (Duriez et al. 2018, S. 8 ff.).

[5] Der Aufsatz ist seit etwa Mitte 2018 nicht mehr online verfügbar; er kann beim Verfasser angefragt werden.

(7) von Fachexperten bewertet und sie waren (8) in der Fachwelt akzeptiert. Eine (9) adäquate Finanzierung, die in den letzten zwei Jahren stabil blieb, war meistens gewährleistet, wobei (10) Programme selbst älter als drei Jahre waren (Latessa 2013, S. 74; vgl. Köhler 2017, S. 296 ff., 2016, 2018). Ähnlich hohe Werte wiesen die Mitarbeitercharakteristika auf. Dazu zählen laut CPC unter anderem (Latessa 2013, S. 74; vgl. Köhler 2018, 2016, S. 46):

• Ausbildung und relevante praktische Erfahrungen,
• Auswahl der Mitarbeiter*innen nach Fachwissen und Werten,
• regelmäßige Teamtreffen,
• Bewertung nach Leistungserbringung,
• (klinische) Supervision und
• Training.

Weniger qualitativ gestaltete sich die Bewertung von Klient*innen, für die CPC folgende Kriterien bereithält (Latessa 2013, S. 74 f.; vgl. Köhler 2018, 2016, S. 47):

• Klient*innen-Einstufung,
• Befolgung von Ausschlusskriterien,
• Risikobewertung und Definition des Risikogrades,
• Bewertung der Risikofaktoren (needs) und Definition der Risikolevels,
• Einschätzung der Ansprechbarkeit,
• Kriterienvalidierung.

Am niedrigsten waren die Werte der Evidenzbasierung in den Bereichen „Interventionen" und „Qualitätssicherung". Als Qualitätskriterien der Treatments gelten laut CPC (Latessa 2013, S. 75; vgl. Köhler 2018, 2016, S. 47 f.):

• Fokus auf kriminogene Ziele,
• Entwicklung und Befolgung eines (Methoden-)Handbuchs,
• Trennung der Klient*innen nach Risikograd,
• Anpassung der Intensität von Interventionen an Risikostufe,
• Mitarbeiter*in-Klient*in-Kompatibilität,
• Kompatibilität von Personal und Programm,
• Klient*innen-Feedback,
• Einsatz von Anreizen und Belohnungen,
• definierte Sanktionsmechanismen und -prozeduren,
• Erkennen von negativen Effekten und Nebenwirkungen,

- Abschlusskriterien und -raten,
- Kompetenztraining,
- Training von wichtigen Bezugspersonen.

Die CPC-Indikatoren für die Qualitätssicherung lauten wie folgt (Latessa 2013, S. 75 f.; vgl. Köhler 2018, 2016, S. 48):

- interne und externe Maßnahmen der QS,
- Klient*innen-Zufriedenheit,
- wiederholtes Assessment von Klient*innen,
- Rückfallstatistiken,
- Effektivitätsnachweise,
- Zusammenarbeit mit einer Evaluationsfachkraft und Programmevaluation.

Somit ermöglicht die CPC als ein Katalog evidenzbasierter Gelingensbedingungen eine Formulierung von Effektivitätsprädiktoren für Deradikalisierungsprojekte – sowohl im Strafvollzug als auch darüber hinaus (vgl. CPC-CSA und CPC-GA).

4.2 Qualitätskriterien in der Kriminalprävention

In der Kriminalprävention liegen mehr oder minder vergleichbare Ansätze vor. So beschrieben Preiser und Wagner (2003, S. 662) relevante Dimensionen und Qualitätskriterien für Präventions- und Interventionsprogramme im Bereich der Gewaltprävention und -minderung. Zu den Grundanforderungen[6] an ein Programm zählt demnach eine *explizite* Darstellung folgender Punkte:

- Theoriebasis für Gewaltursachen,
- Theoriebasis für Präventions-/Interventionsmaßnahmen und deren postulierte Wirksamkeit,
- Klärung und Präzisierung der Ziele,
- Realistische Effekterwartungen,
- Generalisierbarkeit und Praxistransfer,

---

[6] „Für Präventions- und Interventionsprogramme muss ein gesellschaftlicher Bedarf bestehen. Sie dürfen nicht im Widerspruch zu ethischen Grundsätzen stehen. Die Programme müssen eine seriöse theoretische Basis haben. Auch die didaktische Umsetzung sollte wissenschaftlich fundiert sein. Eine Evaluation nach wissenschaftlichen Grundsätzen muss möglich sein" (Preiser und Wagner 2003, S. 662).

- Eingrenzung der Zielgruppe,
- Kontextsensitivität und Berücksichtigung von Rahmenbedingungen,
- Maßnahmen zur Akzeptanzsicherung,
- Sicherung qualifizierter Implementierung,
- Flexibilität und Adaptivität.

Um neue und vorhandene kriminalpräventive Angebote nach ihrer Qualität bewerten zu können, wurde ein Leitfaden zur Beurteilung von Gewaltpräventions- und Interventionsprogrammen entwickelt, der sieben Dimensionen einschließlich jeweiliger Qualitätskriterien in Frageform umfasst (Preiser und Wagner 2003, S. 664 ff.):

1) Benennung und Begründung konkreter und nachprüfbarer Ziele *(Zielklärung):*
   - „Gibt es Aussagen über die Interventionsziele? Wie werden diese begründet?
   - Sind die Ziele auf humanitäre und gesellschaftliche Wertvorstellungen bezogen?
   - Gibt es Aussagen und Informationen über den Ausgangszustand (Ist-Zustand)?
   - Gibt es klare Aussagen darüber, was konkret verändert werden soll (Soll-Zustand)? (Wissen, Einstellungen, Verhaltensweisen, grundlegende Kompetenzen, Schlüsselqualifikationen)
   - Wird deutlich, anhand welcher nachprüfbaren Kriterien der Erfolg der Maßnahme überprüft werden kann?
   - Werden realistische Effekte erwartet und quantifiziert bzw. präzisiert?"
2) Beschreibung der *Zielgruppe:*
   - „Wird die Zielgruppe beschrieben?
   - Wird begründet, warum bei dieser Zielgruppe ein bestimmter Bedarf besteht?
   - Ist klar, wie die Zielgruppe erreicht werden kann? Ist die Teilnahme freiwillig oder verpflichtend? Werden mögliche Teilnahmehindernisse angesprochen?
   - Welche Annahmen oder Informationen gibt es über die Erwartungen und die Motivationslage der Zielgruppe? Was spricht aus deren Sicht für die Teilnahme?
   - Wie werden erwartete Kompetenzen und Vorkenntnisse der Teilnehmenden berücksichtigt?
   - Ist geklärt, wie die Teilnehmergruppen zusammengesetzt werden sollen?"

3) Benennung *theoretischer Grundlagen* für das Programm und seine einzelnen Schritte:
- „Wird klar benannt, auf welche theoretische Grundannahmen sich das Programm stützt? Sind diese Annahmen in sich schlüssig und kompatibel mit dem Forschungsstand?
- Werden die konkreten Interventionsziele aus diesen Grundlagen abgeleitet?
- Werden die Maßnahmen (Programmbausteine) aus den theoretischen Grundlagen abgeleitet?
- Wird die Herkunft von Programmelementen in transparenter Weise dokumentiert?
- Wird auf empirisch gesicherte Erkenntnisse zur Wirksamkeit der Maßnahmen in Bezug auf die intendierten Ziele verwiesen?"

4) Beschreibung konkreter *Maßnahmen* und *Methoden* (inkl. Medien):
- Gibt es Aussagen zu den Rahmenbedingungen?
- Wird die Frage der Machbarkeit im jeweiligen Anwendungskontext beachtet? Wird die Kompatibilität mit den vorgegebenen Regeln und Strukturen des Anwendungsfeldes (z. B. Schule oder Strafvollzug) sichergestellt?
- Welche Methoden kommen zum Einsatz? Wie werden deren erwartete Wirkungen begründet (verhaltens- und handlungsorientierte, themenzentrierte, kognitive, emotionale Methoden usw.)?
- Wie wird die Motivation der Teilnehmerinnen und Teilnehmer berücksichtigt und gefördert? Wie wird die Akzeptanz sichergestellt?
- Wie wird die aktive Beteiligung angeregt? Wie ist das Verhältnis von Forderungen an die Teilnehmer und Unterstützung?
- Welche Medien kommen zum Einsatz?
- Wird das Programm mit gestaffelter Intensität – je nach Erfordernissen – angeboten?
- Werden weiterführende Hilfs- oder Interventionsangebote spezifiziert?
- Wird Flexibilität zwecks Fein-Anpassung an die Zielgruppe und die spezifische Problemlage eingeplant? Ist das Verfahren robust gegenüber individualisierten Modifikationen?

5) Fachliche und didaktische *Kompetenz des Personals:*
- „Welche fachlichen/wissenschaftlichen Qualifikationen haben die Trainer [bzw. Berater, M.L.]?
- Welche didaktischen Erfahrungen haben die Trainer?
- Sind die Trainer mit dem System (z. B. Schule oder Strafvollzug) vertraut, in dem das Programm angewendet werden soll?
- Wird die Maßnahme von Einzelpersonen oder einem Tandem/Team angeboten und durchgeführt?

- Wie werden die Anwender, Mediatoren oder Multiplikatoren des Programms ausgebildet, eingewiesen und supervidiert?"
6) Systematische *Evaluation* und Maßnahmen zur *Qualitätssicherung:*
- „Welche Schritte zur Qualitätssicherung des Programms sind geplant? Wer ist dafür zuständig?
- Ist eine Bewertung des Trainings und der Trainer vorgesehen?
- Ist Evaluation integraler Bestandteil der Maßnahme? Welche Evaluationsmethoden werden eingesetzt?
- Liefert die geplante Evaluation einen Soll-Ist-Vergleich? Wie werden Veränderungen erfasst (Wissensabfrage, Beobachtung, Befragung, Anwendungsplanung, Erhebung von Indikatoren)?
- Wie werden die Ergebnisse der Evaluation bei der Weiterentwicklung der Konzeption berücksichtigt?
- Werden vergleichbare Kontrollgruppen (die nicht an der Maßnahme teilnehmen) oder Wartekontrollgruppen (die erst zeitversetzt an der Maßnahme teilnehmen) berücksichtigt?
- Ist eine zeitlich versetzte Abschlussevaluation (Nachbefragung) geplant?
- Gibt es eine Evaluation durch eine neutrale Instanz?
- Welche Referenzen werden angegeben?
- Welche konkreten Evaluationsergebnisse sind bereits dokumentiert? Sind sie zugänglich?"
7) Effizienz *(Preis-Leistungs-Verhältnis):*
- „Welche Kosten und Nebenkosten entstehen?
- Wo entstehen die Kosten? Wer ist Kostenträger?
- Welche Kosten können durch das Programm eingespart werden?
- Wie viele Teilnehmer werden durch die Maßnahme erreicht?
- Was sind die Kosten pro Teilnehmer?
- Werden Langzeiteffekte, Multiplikatoreffekte und positive Nebenwirkungen erwartet?
- Werden Risiken oder potenzielle negative Nebenwirkungen in der Planung berücksichtigt?
- Welche Effekte werden erwartet, in welcher Höhe?
- Wie ist die Breite der angestrebten Wirkung? Gibt es eine differenzielle Wirksamkeit für bestimmte Personengruppen?"

Nach einer ähnlichen Logik sind die „Beccaria-Standards zur Qualitätssicherung kriminalpräventiver Projekte" konzipiert, die Maßgaben und Anforderungen an die Qualität der Planung, Durchführung und Bewertung formulieren. Die Beccaria-Standards heben sieben relevante Hauptarbeitsschritte eines Projekts

hervor und ordnen ihnen entsprechende Qualitätskriterien zu. Zu den Hauptar-
beitsschritten eines Projekts zählen demgemäß (Marks et al. 2005, S. 4 ff.):

1) Problembeschreibung,
2) Analyse der Entstehungsbedingungen des Problems,
3) Festlegung der Präventionsziele, Projektziele und Zielgruppen,
4) Festlegung der Maßnahmen für die Zielerreichung,
5) Projektkonzeption und Projektdurchführung,
6) Überprüfung von Umsetzung und Zielerreichung des Projekts (Evaluation),
7) Schlussfolgerungen und Dokumentation.

Solche Kriterienkataloge zur Qualitätseinschätzung in der Kriminalprävention
ermöglichen eine transparente kriteriengestützte Bewertung eines Programms
bzw. Projekts. Zugleich können festgelegte Qualitätsanforderungen als Prädiktoren für seine Effektivität dienen.

4.3   Effektivität von NPOs

Die Messung der Leistungsfähigkeit sowie der Effektivität von NPOs stellt einen
weiteren interessanten Forschungsstrang dar, dessen Befunde die Qualitätsdiskussion in der Extremismusprävention und Deradikalisierungsarbeit bereichern
können. Eine der zentralen Fragen lautet hier, wie und unter welchen Bedingungen es den NPOs gelingt, den Input in den Outcome zu transformieren (Sowa
et al. 2004, S. 719; vgl. Abb. 4.1).

Die organisatorische Effektivitätsforschung vollzog einen Perspektivenwechsel
von einem Input- hin zu einem Ergebnisparadigma und rückte damit die Frage
in den Mittelpunkt, wie NPOs ihre Kapazitäten der Leistungserbringung auf- und
ausbauen können, um soziale Innovationen effektiv zur Verfügung stellen und sich
zugleich kontinuierlich an die dynamische Umwelt anpassen zu können. Nach
Kaplan (2001, S. 355 ff.) ist es erstrebenswert, Indikatoren und Bewertungsinstru-
mente zu entwickeln, statt Theorien zu formulieren (vgl. Three-Part Framework,
Balanced Scorecard for Nonprofits, Public Value Scorecard, Multidimensional
Integrated Model of Nonprofit Organizational Effectiveness).

Als zentrale Effektivitätsdimensionen können zwar verschiedene spezifische
Ebenen gelten. Im ergebnisorientierten Paradigma liegt der Schwerpunkt jedoch
auf der Frage, wie es den NPOs gelingt, ihre „Wertschöpfungsketten" zu gestalten. Bei Inputs etwa geht es nicht primär darum, welche Mittel und Ressourcen

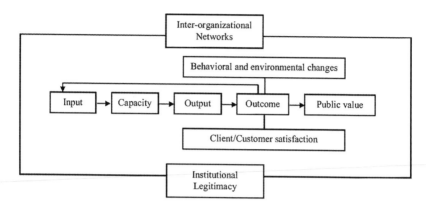

Abb. 4.1 Zentrale Perspektiven auf die Leistungsfähigkeit von NPOs. (Quelle: Lee und Nowell 2014, S. 6)

einer Organisation zur Verfügung stehen (wie bspw. bei Beschreibungen mittels Logischer Modelle), sondern um ihre Fähigkeit, Ressourcen zu akquirieren und zur Herstellung eines öffentlichen Wertes einzusetzen. Die Kapazitäten werden dementsprechend nicht primär von den strukturellen Rahmenbedingungen abgeleitet, sondern im Zusammenhang mit der Effektivität des Managements und der Programmumsetzung betrachtet, wobei die Gestaltung von Strukturen und Prozessen zum Einsatz vorhandener Ressourcen als Bewertungskriterium gilt (Sowa et al. 2004, S. 715). Daher fungieren vorwiegend Maßnahmen wie die kontinuierliche Verbesserung der internen Prozesse, die Steigerung der Lern-, Innovations- und Wachstumskapazitäten inkl. der Entwicklung von neuen Dienstleistungen/Produkten als relevante Indikatoren (Lee und Nowell 2014, S. 7).

Als entscheidend wird der Ausbau von Kapazitäten durch die Steigerung der Lern- und Innovationsfähigkeit angesehen, die es ermöglichen, effektiv Inputs in Outputs sowie Outputs in Klient*nnenzufriedenheit und abschließend in die angestrebten Outcomes zu verwandeln (Moore 2003, S. 22). Auch die Mitarbeiter*innenzufriedenheit ist ein Indikator für die Effektivität des Managements. Des Weiteren gilt die Fähigkeit der Organisationen, die für die Leistungserstellung relevanten interorganisationalen Netzwerke und Verbindungen zu anderen Geldgebern/Stakeholdern aufzubauen und zu managen, als Effektivitätskriterium.

Als Outcome der NPOs wird der Zustand der Zielgruppen oder der sozialen Bedingungen verstanden, die durch das jeweilige Programm als Interventionsgegenstand ausgemacht und mit entsprechenden Maßnahmen beeinflusst wurden (soziale Effektivität). Sowa et al. (2004, S. 720) benennen zwei mögliche Wege der Outcome-Messung:

1) mit objektiven Indikatoren anhand einer bestehenden Programmtheorie (Theory of Change) bzw. eines Wirkungsmodells[7] und
2) durch Klient*innen-Befragungen.[8]

Darüber hinaus sind Impacts bzw. Auswirkungen auf „soziale Werte" wichtige Kriterien der Effektivität von NPOs, die je nach Zielsetzung – zumindest laut organisatorischen Missionsstatements – verschiedene Änderungen anstreben (bspw. Sicherheit, soziale Kohäsion und Inklusion, Demokratieförderung). Auch diese Dimension darf nicht reine Proklamation bleiben und muss in Betracht gezogen werden (vgl. Abb. 4.2). Last but not least ist die institutionelle Legitimität und Netzwerkarbeit – bspw. Kohärenz mit der Mission der Organisation, Transparenz, Kooperation mit Stakeholdern, Akzeptanz in der Fachwelt und in der Kommune – relevante Effektivitätskriterien (Bagnoli und Megali 2011, S. 162).

Eine der größten Herausforderungen der Effektivitätsmessung (Leistungen und Wirkungen) ist methodologischer Natur. Um dieses Konstrukt zu konkretisieren, daraus Kriterien (Indikatoren) abzuleiten, diese zu operationalisieren und relevante kausale Verursachungsfaktoren (Effektivitätsprädiktoren) zu bestimmen, bedarf es einer grundsätzlichen Zielorientierung und eines kontinuierlichen Zielcontrollings (Scholz 1992, S. 536). In der praxisorientierten Wirkungs- und Deradikalisierungsforschung liegen noch keine vergleichbaren Ansätze vor. Daher

---

[7] Vgl. Rauscher et al. (2015, S. 51): „Während das Wirkungsmodell [...] abbildet, was mit dem Programm erreicht werden soll bzw. was tatsächlich erreicht wird und damit die logischen Abhängigkeiten zwischen Programmkomponenten darstellt, liegt der Schwerpunkt der Theory of Change auf der Frage, wie und unter welchen Voraussetzungen bestimmte Wirkungen erzielt werden sollen".

[8] „An outcome-based perspective differs from the output approach in that it looks beyond organizational activities and seeks to discern the impact of these activities on the targeted setting or population. This perspective highlights that while organizations may be highly productive in the number of people served or projects implemented, it is a different issue whether organizations made substantial changes in behavior or environmental conditions through these services" (Lee und Nowell 2014, S. 8).

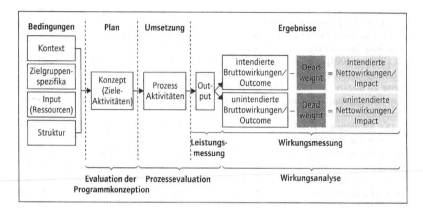

Abb. 4.2 Wirkungsmodell. (Quelle: Rauscher et al. 2015, S. 44)

sei auf die Dimensionen und Kriterien aus der Organisations- und Effektivitätsforschung hingewiesen, die auch für die Extremismusprävention von Nutzen sein
können (Lee und Nowell 2014, S. 4 f.):

1. Input als Ausdruck der Fähigkeit, Ressourcen zu akquirieren:
   - Steigerung des „Umsatzes" von Jahr zu Jahr,
   - Diversifikation (inkl. Einnahmequellen),
   - Fähigkeit zur Akquise und Verwaltung der Personalressourcen,
   - Stärke der Beziehung zu Ressourcenanbietern (bspw. Geldgeber, freiwillige
     Fachkräfte).
2. Kapazitäten als struktur- und personalbedingte Fähigkeit, Programme und
   Dienstleistungen anzubieten:
   - Mitarbeitenden-Zufriedenheit,
   - Motivation, Bindung und Fähigkeiten von Mitarbeitenden,
   - Weiterbildung und Beratung von Beschäftigten;
   - Perspektiven von Beschäftigten und Führungskräften auf operative Kapazi-
     täten,
   - Leistungsfähigkeit mit Blick auf kritische Prozesse,
   - Kapazitäten des Informationssystems,
   - Innovationsfähigkeit.
3. Output als Produkt- und Leistungsumfang anhand der Konzeption:
   - Häufigkeit und Quantität (Stundendeputate) der erbrachten Leistungen,
   - termingerechte Zurverfügungstellung von Leistungen,

- Erreichen festgelegter Ziele der Leistungserbringung,
- Anzahl der Leistungsnehmer,
- Reaktionszeit auf Anfragen der Klient*innen,
- Qualität der Leistungserbringung (bspw. physische und kulturelle Zugänglichkeit, Pünktlichkeit, Erreichbarkeit und Zustand von Einrichtungen).

4. Outcome (I) als Zustand der programmrelevanten Zielgruppen und Verhältnisse:
   - Verbesserung von Kenntnissen, Fähigkeiten und Handlungsoptionen,
   - Verbesserung des Zustandes (bspw. sozial, wirtschaftlich oder gesundheitlich),
   - Veränderungen auf der Orientierungs- und Verhaltensebene (bspw. Steigerung erwünschter Aktivitäten und Aufrechterhaltung positiver Verhaltensweisen).

5. Outcome (II) im Sinne der Klient*innen-Zufriedenheit:
   - „Marktanteil",
   - Klient*innen-Zufriedenheit,
   - Klient*innen-Bindung,
   - Akquise von neuen Klient*innen.

6. Impact als gesellschaftliche Leistung anhand der Mission:
   - Lebensqualität und Wohlbefinden,
   - soziales Kapital, sozialer Zusammenhalt und soziale Inklusion,
   - Sicherheit und Schutz von Opfern,
   - Gleichheit, Bekämpfung der Deprivation und sozialen Ausgrenzung,
   - Förderung der Demokratie und des zivilgesellschaftlichen Engagements,
   - Förderung der Bürgerbeteiligung.

7. Netzwerke und Legitimität als Folge gelungener Kooperationen und politischer sowie fachlicher Anerkennung:
   - Beziehungen zu Geldgebern und Diversifizierung,
   - Zufriedenheit der Geldgeber bzw. Stakeholder,
   - Fälle erfolgreicher Zusammenarbeit/Partnerschaften,
   - Glaubwürdigkeit bei anderen zivilgesellschaftlichen Akteuren,
   - institutionelle Kohärenz,
   - Passung zwischen Aktivitäten und dem (erklärten) Auftrag,
   - Intensität der Beziehungen bzw. Kooperationen mit Behörden,
   - Image der Organisation.

Ein weiterer Forschungsstrang – die wirkungsorientierte Evaluation – kann ebenfalls wichtige Impulse für die QE-Diskussion in der Deradikalisierungsarbeit geben. So definiert der Evaluationsleitfaden des Centrums für Evaluation (CEval) zahlreiche Qualitätsdimensionen und Effektivitätskriterien von Programmen, die helfen können, diese Konstrukte zu operationalisieren (unvollständige Auflistung nach Stockmann 2006, S. 183, 348 ff.):

1. Programmkonzeption:
   - angestrebte Ziele und Wirkungen,
   - Interventionsmaßnahmen,
   - Ebenen und Dimensionen der Wirkungszusammenhänge,
   - Programmtheorie und Zusammenhänge zwischen den Interventionen und Wirkungen,
   - Wirkungshypothesen,
   - Evidenzorientierung der Programmkonzeption.
2. Ressourcen (Input):
   - finanzielle Ressourcen,
   - personelle Ressourcen,
   - technische Ressourcen,
   - Zeitressourcen.
3. Zielgruppen:
   - Zielgruppendefinition und -beschreibung,
   - Relevanz des Programms für die Zielgruppen.
4. Planung und Vorbereitung
5. Programmsteuerung:
   - Monitoring und Evaluationssystem,
   - Qualität der Berichterstattung,
   - Qualitätsmanagement.
6. Personal:
   - Anzahl und Qualifikationsprofil,
   - Rekrutierungs- und Fluktuationsprobleme,
   - Aus- und Weiterbildung.
7. Organisationsstruktur:
   - Effizienz der organisatorischen Teilsysteme,
   - Arbeitsplanung, Aufgabenstellung und Koordination,
   - Entscheidungsstruktur und Informationsflüsse,
   - Zuständigkeiten und Verantwortlichkeiten.
8. Zielgruppenerreichung:
   - Maßnahmen zur Erreichung der Zielgruppen,
   - erreichte Zielgruppen,
   - nicht erreichte Teile der Zielgruppen.
9. Nutzen für die Zielgruppen

10. Zielgruppenübergreifende Wirkungen
11. Wirkungen im Politikfeld
12. Politikfeldübergreifende Wirkungen:
    - Diffusionswirkungen in relevanten Politikfeldern,
    - Wirkungen in anderen programmrelevanten gesellschaftlichen Subsystemen (bspw. Werte- und Normensystem, soziales System, politisches System).
13. Externe Programmwirkungen:
    - positive/negative Wirkungen der Interventionen,
    - intendierte/nicht intendierte Wirkungen,
    - Effektivität der Zielerreichung gemäß Soll-Ist-Vergleich.
14. Effizienz
15. Gesellschaftliche Relevanz.

Insgesamt lässt sich festhalten, dass in den Arbeitsfeldern, in denen die Ergebnisorientierung von Anfang an eine wesentliche Größe war, zahlreiche Verfahren, Standards und Indikatoren von Qualität und Effektivität erarbeitet wurden. Zwar lassen sich nicht alle nahtlos auf die Radikalisierungsprävention und die Deradikalisierungsarbeit übertragen, jedoch liegt eine Vielzahl an Ansätzen vor, die sich die „Program Owner", Fachkräfte und Träger der Extremismusprävention genauer anschauen sollten.

4.4 Qualität in der Sozialen Arbeit

Im Gegensatz zum beschriebenen Effektivitätsparadigma gilt laut Herrmann und Müller (2019, S. 87) eine „zu starke Ergebnisorientierung" in der Sozialen Arbeit als „ein fachlich wie berufsethisch problematischer Weg!", da „eine zu starke Fokussierung der Fachkräfte in Hilfeprozessen auf die Problembearbeitung und die zu erreichenden Ziele die Kooperation mit Adressat*innen gefährden und so den Hilfeprozess behindern oder sogar scheitern lassen kann". Dies würde nur zutreffen, wenn die Adressat*innen der Hilfen aus dem Prozess der Leistungserstellung ausgeklammert werden und ihre Mitwirkung bzw. Zufriedenheit als Voraussetzung für die Zielerreichung keine Berücksichtigung finden würden. Im Sinne der präventiven Co-Produktion (Integration externer Faktoren) und des oben erwähnten Dienstleistungsqualitätsmodells ist dies jedoch aufgrund ihrer Einflüsse auf die Interaktionsqualität und der fehlenden autonomen Beeinflussbarkeit durch den Leistungsanbieter gar nicht möglich (Meyer und Mattmüller 1987, S. 189).

Vielmehr ist es eher die Klient*innen-Perspektive, die die sozialen Dienst-
leister dazu veranlasst, outcome-orientiert zu denken und zu planen. Daher ist
es nur konsequent, dass der Programmbaum als ein Instrument der QE in der
Sozialen Arbeit zur Anwendung kommt (Herrmann und Müller 2019, S. 83).
Die Metapher des Programmbaums dient bei der Explikation des jeweiligen Pro-
grammodells vorwiegend dazu, den Blickwinkel der Fachkräfte auf die Resultate
ihrer Arbeit („Früchte") zu lenken und die Prozesse vom Ergebnis her – im
Zusammenhang mit den jeweiligen Incomes bzw. Klient*innen-Eigenschaften
und Ressourcen – zu planen (vgl. Abb. 4.3).

Programmbäume wie auch andere wirkungsorientierte logische Modelle sind
nützliche Instrumente der Konzept(ions)entwicklung. Als ein weiteres wichtiges

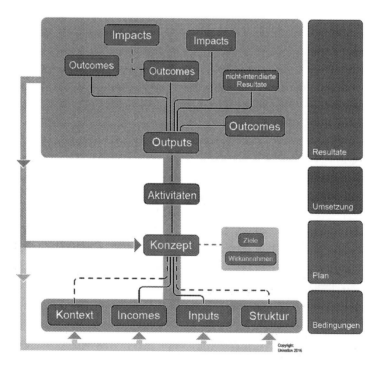

Abb. 4.3 Programmbaum. (Quelle: Univation.org)

Instrument der QE gilt die sogenannte Zielpyramide, die im Vergleich zur angesprochenen Zweck-Mittel-Ergebnis-Logik der Effektivitätsmessung weniger konkret erscheint. Überdies lässt sich diese Logik besser mit der „Resultate-Treppe" verknüpfen. Des Weiteren nimmt der Professionalisierungsdiskurs einen wichtigen Platz in der Qualitätsdiskussion ein. Im Großen und Ganzen handelt es sich dabei um die Dimensionen der Tragfähigkeit und der Effektivität von Strukturen und Prozessen, die auf *bereichsbezogenen* (Fall-, System- und Selbstkompetenzen) und *prozessbezogenen* (Kompetenzen in den Bereichen Analyse und Planung, Interaktion und Kommunikation, Reflexion und Evaluation) Ebenen liegen. Daraus ergeben sich mindestens fünf Qualitätsbereiche als Voraussetzungen für das qualitative methodische Handeln:

1) Analyse der Rahmenbedingungen,
2) Situations- und Problemanalyse,
3) Zielentwicklung und Planung,
4) Umsetzung und
5) Evaluation (Herrmann und Müller 2019, S. 56 f.).

Merchel (2013, S. 154 f.) schlägt darüber hinaus eine weitere Betrachtungsperspektive auf Qualitätskriterien vor, um über die allgemeinen Standards hinaus[9] prozessspezifische Indikatoren zu entwickeln. Er unterscheidet zwischen „fachlichen" Schlüsselprozessen sowie Schlüsselkriterien, von denen die Qualität der gesamten Handlung abhängt, und „strategisch" angelegten Kriterien, die sich auf fachpolitisch relevante Aspekte beziehen.

Schlüsselsituationen sind typische wiederkehrende Abläufe, die sowohl Primär- als auch Sekundärprozesse betreffen können. Als Schlüssel- bzw. Hauptprozess kann bspw. „(fach-)pädagogische Begleitung" genannt werden, deren Teilprozesse folgende sind (Vomberg 2010, S. 164 f.):

* Stabilisierung und Krisenprophylaxe,
* Krisenintervention und -begleitung,
* individuelle Förderung,
* Milieugestaltung und Förderung der Mitwirkung und
* Nachsorge.

---

[9] Vgl. die 1996 von Maja Heiner formulierten zwölf Basiskriterien für die Qualität in der Sozialen Arbeit: 1) Transparenz, 2) Partizipation, 3) Abgestimmtheit, 4) Zugänglichkeit, 5) Zügigkeit, 6) Informiertheit, 7) Vertraulichkeit, 8) Individualisierung, 9) Normalität, 10) Verständigungsorientierung, 11) Achtung, 12) Freundlichkeit (Merchel 2013, S. 154).

Der Hauptprozess „hilfekoordinierende Beratung" enthält Teilprozesse wie

- Erstkontakt und -gespräch,
- Sprechstunde mit Fachkräften,
- Fall-/Hilfeplankonferenz und
- Übergänge.

Im Sinne des Case und Care Managements lassen sich bspw. die nachfolgenden Prozesse weiter spezifizieren (Kollak und Schmidt 2019, S. 4 f.; vgl. Treadwell et al. 2015, S. 6 ff.):

1) Assessment und Problemklärung,
2) Ziel- und Hilfeplanung,
3) Umsetzung und Koordination,
4) Monitoring,
5) Evaluation und Follow up.

Im Prozess der QE würden sich die Fachpraktiker*innen laut Merchel (2013, S. 157) mit Blick auf die SPE-Qualitäten darauf einigen, unter welchen ergebnisorientierten Bedingungen – „Die Arbeit ist dann gut, wenn..." – ihre Arbeit als qualitätsvoll zu qualifizieren ist. Anschließend gilt es, entsprechende Indikatoren für die einzelnen „Wenn-dann-Ketten" zu formulieren, um eine intersubjektiv nachvollziehbare Überprüfbarkeit der Qualität zu gewährleisten.

Es seien hier einige beachtenswerte Definitionsmerkmale gelungener Beratung im Sinne einer „Meta-Definition" hervorgehoben. Zech und Dehn (2017, S. 74) zufolge ist Beratung gelungen, wenn sie

- „Raum schafft für handlungsentlastende Reflexionen in Bezug auf die zur Lösung anstehenden Handlungsprobleme;
- keine abstrakt formulierten allgemeinen Handlungsvorschläge aus der Perspektive von außen macht, sondern die reflexiven Selbstberatungskompetenzen des ratsuchenden Systems unterstützt;
- ein System durch angemessene Verstörungen auf seine eigenen Ideen bringt und damit Autonomie, Selbstbestimmung und Gelingen fördert;
- dabei nicht normativ, sondern in Bezug auf Funktionalitäten beobachtet und für die Problemlösung nach funktionalen Äquivalenten sucht, die keine oder geringere schädliche Nebenfolgen produzieren;
- einerseits Komplexität reduziert, um Entscheidungs- und Handlungsfähigkeiten zu stärken, aber andererseits Komplexität dadurch erweitert, dass

sie verhärtete Strukturen wieder als kontingent und damit als veränderbar erscheinen lässt;

- alle Entscheidungen über zukünftige Handlungen dem ratsuchenden System selbst überlässt;
- die strategische (im Sinne von zielorientierte), die strukturelle und die kulturelle Seite individuellen und organisationalen Handelns in einem ausgeglichenen Verhältnis berücksichtigt;
- nicht versucht, Personen als Personen zu verändern, sondern die zugrunde liegenden Muster des Handelns und der Kommunikation".

Alles in allem hat auch die Soziale Arbeit wertvolle Verfahren der QE entwickelt.[10] Überdies wird Qualität im Kontext der QM-Systeme wie der DIN-EN-ISO-9000-Familie und dem Modell der European Foundation for Quality Management (EFCM) oder der branchenspezifischen Modelle wie bspw. der Kundenorientierten Qualitätstestierung für Soziale Dienstleistungsanbieter (KQS) und der Kundenorientierten Qualitätstestierung für Beratungsorganisationen (KQB) diskutiert. Diese QM-Systeme formulieren Anforderungen, definieren Bewertungskriterien und empfehlen entsprechende Verbesserungsmethoden wie bspw. den PDCA-Zyklus (Plan-Do-Check-Act; vgl. auch Kaizen- bzw. KVP-Verfahren[11]) oder die RADAR-Methode (Results-Approach-Deployment-Assessment-Review).

Von der Annahme ausgehend, dass Systeme und Organisationen ab dem Zeitpunkt ihrer Errichtung Verfallsprozessen preisgegeben sind, betont etwa der KVP-Ansatz die Notwendigkeit einer *stetigen Verbesserung des Status quo* (Kostka und Kostka 2007, S. 11, 17; vgl. Abb. 4.4).

Zech (2019, S. 3) kritisiert in Anlehnung an Ortmann (2010), dass im Rahmen des ISO-Qualitätssystems nicht mehr die Qualität der Leistung, sondern die Qualität der Managementdokumentation im Vordergrund stehe. Dies resultiere aus einer dreifachen Verschiebung:

„Weg von qualitativen Standards für die Substanz von Leistungen hin zu der Standardisierung der Leistungsprozesse (Ersetzung erster Ebene). Sodann weg von den tatsächlichen organisationalen Abläufen hin zur Standardisierung des Managements dieser Prozesse (Ersetzung zweiter Ebene). Schließlich sogar weg vom tatsächlichen

---

[10] Vgl. auch die Qualitätskriterien des Deutschen Berufsverbands für Soziale Arbeit e. V.

[11] „Veränderung zum Besseren" bzw. Kontinuierlicher Verbesserungsprozess (KVP). Zu den KVP-Prinzipien zählen: 1) Verbesserungs- und Nachhaltigkeitsorientierung, 2) Mitarbeiterorientierung, 3) Prozess- und Ergebnisorientierung, 4) Qualitätsorientierung, 5) Kundenorientierung, 6) Transparenz- und Faktenorientierung.

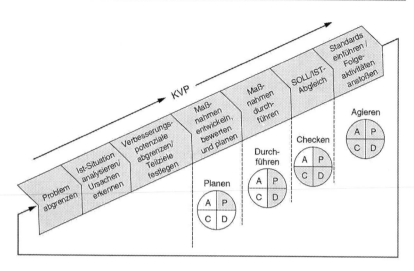

Abb. 4.4 Kontinuierlicher Verbesserungsprozess. (Quelle: Bruhn 2019, S. 351; vgl. Kostka und Kostka 2007, S. 12)

Management hin zu dessen Dokumentation mithilfe einer großen Zahl auszufüllender Formblätter, mit denen detailliert festgelegt wird, wer was zu tun, auszufüllen, zu dokumentieren, zu kontrollieren und zu ändern hat (Ersetzung dritter Ebene)".

Auch das EFQM-Modell sei zu anspruchsvoll und aufwendig. Letztendlich würden die QM-„Klassiker" dem wesentlichen Qualitätsaspekt, der „Qualität des guten Lebens in einer gerechten Gesellschaft", nicht gerecht werden. In der Tat können die organisatorischen QM-Systeme diesem hehren Anspruch nicht (ganz) entsprechen. Zugleich kommt auch Gelingendes Management nicht umhin, relevante QM-Dimensionen mitsamt entsprechender Managementinstrumente zu definieren. Charakteristisch ist allerdings der Aufruf zur partizipativen Gestaltung und Entwicklung von Gelingensindikatoren und -prädiktoren innerhalb einer Organisation. Gelingendes Management setzt folgende Management- bzw. Gelingensebenen voraus (Dehn und Zech 2021, S. 27 ff., 79, 104, 125, 147, 189):

- *Normatives Management:* Zu den das professionelle Handeln fundierenden Werten zählen etwa Werte des Menschenbildes, Leistungswerte, Führungswerte, Kooperationswerte und gesellschaftliche Werte.

- *Strategisches Management* umfasst z. B. Angebotsstrategien, Kompetenzstrategien, Wettbewerbsstrategien, Kooperationsstrategien, Ressourcenstrategien und Qualitätsstrategien.
- *Zielmanagement* enthält unter anderem inhaltliche und QE-Ziele, Innovations- und Kooperationsziele, Personalentwicklungsziele und gesellschaftsbezogene Ergebnisziele.
- *Prozessmanagement* erstreckt sich auf Schlüssel-, Unterstützungs- und Managementprozesse und hat ihre Festlegung, Überprüfung und Optimierung zum Ziel.
- Im Rahmen des *Kompetenzmanagements* werden systematisch personale bzw. Persönlichkeits-, Sozial-, Methoden- und Fachkompetenzen innerhalb einer Organisation analysiert und weiterentwickelt.
- *Wissensmanagement* soll durch eine transparente Gestaltung der Kommunikations- und Arbeitsprozesse und systematische Reflexionsprozesse sowie kontinuierliche Dokumentation des Erfahrungswissens zum Zustandekommen einer intelligenten Organisation beitragen. Demnach gilt Wissen in einer intelligenten Organisation als Organisationsressource, statt etwa Einzelnen zur Demonstration von Macht zu dienen.
- *Management von Kooperationen und Netzwerken* dient der Regulation der Zusammenarbeit sowie der Evaluation der Netzwerkorganisationen und ermöglicht eine gemeinsame strategische Zielplanung für relevante Netzwerke.
- *Management der Organisationskultur* „formatiert" die Kulturprägung einer Organisation bspw. im Hinblick auf die Auswahl/Einstellung und Beförderung von Beschäftigten, die Zuweisung von Ressourcen und Reaktion auf kritische Ereignisse. Darüber hinaus sind Managementverfahren von Relevanz.
- *Projektmanagement* stellt ein Verfahren der Zielerreichung durch einen koordinierten Einsatz von Kompetenzen und der Vermeidung von Planungsmängeln dar.

Gelingendes Management als Philosophie und Verfahren der QE in Organisationen der Bildung, Beratung und sozialen Dienstleistungen bietet somit eine Reihe von wertvollen Ansätzen und Instrumenten der internen Förderung von Struktur-, Konzept-, Prozess- und Ergebnisqualität, die einige erwähnte Defizite der bekannten QM-Systeme auszugleichen vermögen.

Qualitätsentwicklung in der Deradikalisierungsarbeit: Quo vadis?

5

QE stellt keinen unmittelbaren Wert an sich, sondern vor allem ein Mittel zum Zweck dar, der auf einer Annahme über die Wirkung von zielgerichteten Handlungen fußt (Qualität als Gelingen). Sie steht in dieser Betrachtungsperspektive in einem Zusammenhang mit „Effektivität" als Maßgröße für Zielerreichung und „Wirksamkeit". Dies gilt gleichermaßen für QE in der Deradikalisierungspraxis, arbeitet doch die Fachpraxis anhand einer Vorstellung von Wirkungen (Zieldimension bzw. Resultate) auf die Verwirklichung von Wirkannahmen bzw. postulierten Zielen durch den Einsatz entsprechender Methoden und Techniken (Mitteldimension) hin. So gesehen sind QE und ihre Resultate – (wirkungsorientierte) Qualitätsstandards, Effektivitätsindikatoren bzw. Zielcontrolling als Grundlagen der QS – zentrale Gelingensbedingungen wirksamer Deradikalisierungsmaßnahmen.

Allerdings steckt die (organisatorische) Effektivitäts- und die wirkungsorientierte Forschung im Präventionsbereich noch in Kinderschuhen, da entsprechende Evaluationsdesigns, Vergleiche unterschiedlich gelagerter Programme und systematische Analysen der Verursachungsfaktoren für Erfolg und Misserfolg zu selten angewandt werden. Auch Kausalitätsforschungen gibt es im Arbeitsfeld praktisch nicht. Aus diesen Gründen kann die praxisorientierte Deradikalisierungsforschung bzw. Praxisforschung (noch) nicht mit belastbaren organisatorischen Effektivitätsprädiktoren, evidenzbasierten Kriterien der Umsetzungsqualität von Programmen oder mit den von Wirkungsevaluationen abgeleiteten relevanten Indikatoren von Struktur-, Prozess- und Ergebnisqualität aufwarten. Der Schwerpunkt der Qualitätsdiskussion in der Präventionsforschung scheint vielmehr auf der Ebene der QS oder sogar Qualitäts*kontrolle* zu liegen: „Aus ethischer und rechtstaatlicher Perspektive betrachtet wäre eine Neupositionierung von Kontrolle und Aufsicht, die

M. Logvinov, *Qualität in der Deradikalisierungsarbeit,* essentials, https://doi.org/10.1007/978-3-658-36552-3_5

sich neben dem repressiven auch auf das präventive Arbeitsfeld erstreckt, begrüßenswert und der Sensibilität des Aufgabenbereichs angemessen", so Kemmesies und Kowalski (2020, S. 745).

Noch werden jedoch vorwiegend Maßnahmen der QS angeregt. Da „keine verbindlichen" Qualitäts- und Wirkungskriterien vorliegen, „die alle Aspekte der geprüften Arbeit bzw. des geprüften Projekts abdecken", wird etwa im „Handbuch zu Peer- und Self-Review in der Ausstiegarbeit" ein auf Methoden der Intersubjektivität basierendes „Toolkit" vorgeschlagen (van de Donk et al. 2019). Zwar erschließen sich die Regeln für die Herleitung seiner Indikatoren nicht unmittelbar, aber solche Instrumente[1] können – und müssen eigentlich – durchaus angewandt werden. Denn in der Regel tragen interne Qualitätsdiskussionen zu einem tiefer gehenden Austausch über Prozesse, Wirkannahmen und Zweck-Mittel-Relationen bei, der wichtige Einblicke in die Handlungslogiken der Beratungspraxis und Lernprozesse ermöglicht.

Allerdings wäre eine QE-Vereinbarung im Arbeitsfeld ein effizienterer und nachhaltigerer Weg, notwendige Innovationen als Reaktion auf das dynamische Organisationsumfeld und den ständigen Wandel im Phänomenbereich zu befördern. Denn einerseits können die QS-Maßnahmen ohne fachlich begründete Standards und Qualitätskriterien kaum gelingen, und andererseits können externe (Evaluations-)Maßnahmen, die in größeren Zeitabständen ergriffen werden, interne QE- und Evaluationsprozesse nicht ersetzen. Angesichts der nach wie vor bestehenden Mängel der Wirkungsforschung müssen zufriedenstellende Kriterien und Indikatoren durch die Fachpraxis erst erarbeiten werden. Inzwischen verfügen einige Träger der Deradikalisierungsarbeit über Ressourcen sowie die wissenschaftliche Expertise, um ihre Qualitätsbemühungen zu intensivieren, und die oben beschriebenen Ansätze können hier Abhilfe schaffen.

Die Fachpraxis setzt sich bereits intensiv mit einigen Aspekten der QE auseinander. Zugleich bedarf es einer Perspektivenerweiterung hin zur *datenbasierten* Gestaltung und Bewertung der Prozess- und Ergebnisqualität (bspw. Interaktions-, Verlaufs- und Outcome-Qualität). Hinsichtlich der Strukturqualität als Programmpotenzial erscheinen vor allem der Ausbau von Innovationskapazitäten und die Verbesserung der Datengenerierung und -auswertung von höchster Relevanz, denn kein Wissen und Wissensmanagement ist ohne strukturierte Daten möglich. Die Deradikalisierungspraxis muss sich daher zahlreichen QM-Instrumenten,

---

[1] Beachtenswerte QS-Instrumente aus dem sozialen und kriminalpräventiven Bereich können auch hier gewinnbringend zum Einsatz kommen (Zech 2009, 2014). Hervorgehoben sei an dieser Stelle der „Werkzeugkasten" von Dehn und Zech (2021).

wissenschaftlichen Modellen und Messverfahren zuwenden, um die internen Prozesse der QE auszubauen. Auf diese Weise wird es gelingen, die notwendigen intersubjektiv nachvollziehbaren Zusammenhänge zwischen (1) Konzepten als sinnhaften Verbindungen von Planung[2], Durchführung[3] und Auswertung[4], (2) Aktivitäten bzw. Interventionen und (3) Ergebnissen herzustellen (Ehrhardt 2013, S. 10 ff.).

---

[2] Ziele und Inhalte.

[3] Methoden und Vorgehensweisen.

[4] Nachvollziehbarkeit und Überprüfung.

Ergebnisqualität und Wirkungsmessung in der Deradikalisierungsarbeit

Die Logik der Qualitätsentwicklung und -bewertung fußt auf einem Ziele-Strategie-Modell oder genauer auf einer Zweck-Mittel-Ergebnis-Matrix, der folgende Fragestellungen zugrunde liegen: Was tun wir (nicht)? Warum tun wir das (nicht)? Welchen Nutzen erwarten wir von unserem Handeln? Und woran machen wir seine Wirksamkeit fest? Mit anderen Worten sind bei der Formulierung von Zielsystemen vier grundlegende Dimensionen zu bedenken (Dehn und Zech 2021, S. 87):

1) *„Sinn/Zweck:* Wozu tun wir das? Welcher *Bedarf* soll damit befriedigt werden? Welche Absicht wird damit verfolgt?
2) *Kunden/Interessengruppen:* Für wen tun wir das? Wer profitiert davon? Wer ist unser (gegebenenfalls ideeller) Auftraggeber?
3) *Ergebnis/Endprodukt:* Welches konkrete Ergebnis soll am Ende herauskommen? Was genau wollen wir erreichen?
4) *Erfolgs- und Gelingenskriterien:* Woran erkennen wir, dass die Zielumsetzung gelungen ist? Welchen Qualitätskriterien sollen Prozess und Ergebnis genügen?".

Dabei steht der Outcome (O) als Ergebnis zweckgerichteten Handelns bzw. der Interventionen (do(I)) im Sinne von Wahrscheinlichkeiten (P) im Mittelpunkt: P(O | do(I)) > P(O). Die Wahrscheinlichkeit eines Outcomes wird mit einer kontrafaktischen Annahme – Was wäre passiert und was würde passieren, wenn? – und einem kausalen Zusammenhang – Warum? – begründet. Dergestalt werden zwei mögliche Zustände – P(O | do(I)) und P(O | do not(I)) – miteinander „verglichen" (Pearl und Mackenzie 2018, S. 36; vgl. auch reflexiven Vergleich in kontrafaktischen Evaluationen). So lassen sich probabilistisch Wirkmechanismen und -ketten konstruieren, die auf Handlungstheorien beruhen, wobei Theorien

M. Logvinov, *Qualität in der Deradikalisierungsarbeit,* essentials, https://doi.org/10.1007/978-3-658-36552-3_6

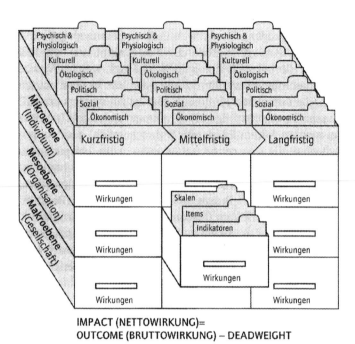

IMPACT (NETTOWIRKUNG)=
OUTCOME (BRUTTOWIRKUNG) − DEADWEIGHT

Abb. 6.1 Wirkungsbox – Ebenen der Wirkungsbetrachtung. (Quelle: Rauscher et al. 2015, S. 48)

anhand belastbarer, datenbasierter Erfahrungswerte (keine anekdotischen Evidenzen), wissenschaftlich begründeter Annahmen oder evidenzbasierter Erkenntnisse formuliert werden sollten.

Eine allgemeine Aussage über Wirkzusammenhänge wäre: Wir ergreifen eine bedarfsorientierte Maßnahme *A*, damit sich ein Zustand *B* verändert (Zweck-Mittel-Dimension), um ein Ziel *C* zu erreichen (Ergebnisdimension), weil wir aufgrund von *D* (wissenschaftliche Erkenntnisse/belastbare Erfahrungswerte) davon ausgehen, dass *B* auf *A* reagiert (Handlungstheorie). Je nach Zielgruppe (direkter/indirekter Zugang), Subsystem (Mikro-/Meso-/Makroebene), Ansatz (pragmatisch, psychosozial, normativ) und Prozess (Primär-/Sekundärprozesse) können die entsprechenden Handlungshypothesen und Wirkungsketten weiter spezifiziert werden (vgl. Abb. 6.1). Zugleich steht die Frage im Raum, ob es tatsächlich die ergriffenen Maßnahmen waren, die zum Outcome führten (vgl. CMOC-Ansatz).

Da das deduktiv-nomologische Erklärungsmodell[1] im Arbeitsfeld aus unterschiedlichen Gründen selten zur Anwendung kommt, bieten sich darüber hinaus probabilistische Kausalerklärungen bzw. -modelle an: „Y in S zum Zeitpunkt t trat aufgrund von Phi trotz Psi ein. Dabei ist Phi die (nicht-leere Menge der Ursachen, die Y begünstigen, und Psi die (eventuell leere) Menge der Ursachen, die den Ursachen Y entgegenwirken" (Blanz et al. 2013, S. 40, 43). Als Beispiel: Das Verhalten einer IP bessert sich im Hinblick auf ihre Devianz bzw. Delinquenz (Y) bei der Intervention (S/t) aufgrund der eingesetzten fundierten Methoden und Techniken (Phi) trotz der (noch) vorliegenden kognitiven Radikalität (Psi).

Um Handlungstheorien verifizieren bzw. falsifizieren[2] und die Ergebnisqualität beurteilen zu können, bedarf es Erfolgsindikatoren. Dabei können Indikatoren, die ein nicht direkt messbares Phänomen sichtbar machen, für komplette Wirkungsketten gebildet werden: etwa Inputindikatoren (eingesetzte Ressourcen), Outputindikatoren (materielle Ergebnisse durchgeführter Maßnahmen), Outcomeindikatoren (Wirkungen anhand der Zielsysteme) und Impactindikatoren (Diffusionswirkungen) (Stockmann 2006, S. 217 f.). Da für jede Zielerreichung unterschiedliche Wege bzw. Methoden denkbar sind und damit „unterschiedliche mögliche Indikatoren", kann es sinnvoll sein, für jedes Ziel/Ergebnis mehrere Indikatoren zu entwickeln (Dehn und Zech 2021, S. 86, 89). Die Logik der QE macht somit die Messung der Effekte und (Miss-)Erfolge nicht nur möglich, sondern auch notwendig – auch in der Deradikalisierungsarbeit.

Waleciak (2021, S. 137) machte „die mangelnde Übersicht über die Praxis der Deradikalisierungsarbeit" als ein zentrales Problemfeld der Wirkungsforschung in Deutschland aus. Das stimmt mehr oder weniger – mehr mit Blick auf die im Rahmen der Analyse rezipierte Forschungsliteratur, allerdings weniger im Hinblick auf die Erkenntnisse der Praxis- und Evaluationsforschung (vgl. Milbradt et al. 2021; „Infodienst Radikalisierungsprävention" der BpB). Zwar stellt seine Systematisierung der methodischen Ansätze einen notwendigen und wichtigen Schritt für die akademische Forschung und ihre Befassung mit der Präventionspraxis dar (vgl. erste Erkenntnisse bei Rabasa et al. 2010). Allerdings fällt sie nicht detailliert genug aus, um bekannte Probleme der praxisorientierten Wirkungsforschung zu lösen. Denn Wirkungen lassen sich nur

---

[1] Explanans (Satz A als Anfangsbedingung + Gesetz G als Konditionalsatz {Wenn-dann-oder Je-desto-Satz}) → Explanandum als singulärer Satz E (das zu Erklärende).

[2] Die echte Prüfung einer Theorie ist nach Karl Popper (1972) der Versuch, sie zu widerlegen.

dann plausibilisieren und nachvollziehen, wenn die entsprechenden Methoden als Wege der Zielerreichung in (Teil-)Prozesse und deren logische, zielorientierte Arbeitsschritte anhand einer (kausalen) Zweck-Mittel-Ergebnis-Logik „übersetzt" werden. Die Praxis- und Evaluationsforschung sind hier bereits einen Schritt weiter und können unter anderem auf idealtypische Abläufe bzw. Arbeitsschritte mit ihren jeweiligen Zielen, Wirkannahmen, Strategien, Methoden, Instrumenten und Standards verweisen (vgl. Uhlmann 2017: 42 ff.; VPN 2020: 24 f.; Möller und Neuscheler 2018, S. 81 ff.). Allerdings blieb die Indikatorenentwicklung für die jeweiligen Ergebnisse vor- und nachgelagerter Prozesse bis dato aus – ein Arbeitsschritt, der noch nachzuholen wäre (vgl. VPN 2020). Unter solchen Bedingungen gelingt eine intersubjektiv nachvollziehbare Bewertung der (Teil-) Ergebnisse. Dies bedeutet aber auch, dass alle methodischen Ansätze der Fachpraxis analytisch entsprechend zu präparieren und wesentliche Qualitätsmerkmale als Gelingensbedingungen zu benennen sind.

Auf der Ergebnisebene strebt die Deradikalisierung Veränderungen auf zwei zusammenhängenden Ebenen im Sinne der Verhältnis- und Verhaltensprävention an. Während die Ergebnisse sozioökonomischer Arbeitsansätze bzw. pragmatischer Hilfen konkret und nachvollziehbar sind (bspw. Wohnverhältnisse, Einkommen, Bildung), erscheint die Messung und Verlaufsevaluation personenbezogener (Zwischen-)Ergebnisse etwas komplexer. Nichtsdestotrotz lassen sich relevante Indikatoren für die zu verändernden Zustände – auf der Einstellungs- bzw. Wahrnehmungs- und Verhaltensebene –, die direkt in der Interaktion mit der Indexperson und/oder indirekt in der Arbeit mit ihrem Umfeld angestrebt werden, operationalisieren (personen- und umfeldfokussierte Ansätze). Wirkungsmodelle können hierbei als nützliche Blaupausen fungieren (vgl. Abb. 6.2).

In Kombination mit Kontextfaktoren (Einflüssen), Wirkungshypothesen und Zielsystemen lassen sich entsprechende Resultate bzw. Effekte von Maßnahmen/Interventionen abbilden und mit entsprechenden Indikatoren versehen. Wie die Indikatorenbildung und -messung ausfällt, hängt mit der Art und Weise der Programmumsetzung, dem Interventionsgegenstand und den Zugängen zur Klientel zusammen. Wichtig ist einerseits die analytische Unterscheidung zwischen (De-)Radikalisierungs*indikatoren* im Gegensatz zu (De-)Radikalisierungs- bzw. Risiko- sowie Schutz*faktoren* und andererseits die Ermöglichung eines Vergleichs im Zeitverlauf – sowohl auf der Einstellungs- als auch auf der Verhaltensebene (vgl. Wolfowicz et al. 2021).

Bei direkten Zugängen mit bspw. klar definierten psychosozialen Interventionsgegenständen können psychologische (Teil-)Skalen eingesetzt werden,

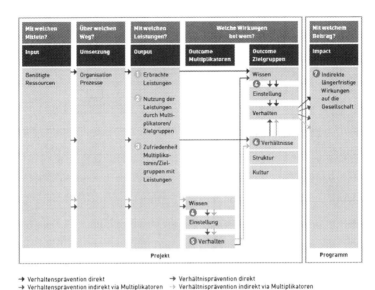

Abb. 6.2 Ein Wirkungsmodell. (Quelle: Fässler und Studer 2019, S. 10)

wenn die Umstände es zulassen (etwa im Haftkontext). Zahlreiche psychologische Persönlichkeitsinventare und Selbstkonzeptskalen machen es möglich, verschiedene deradikalisierungsrelevante Dimensionen – bspw. (spontane/reaktive) Aggressivität oder Gehemmtheit, soziale Orientierung, Expansivität, Autonomie, Selbstwertgefühl bzw. -schätzung, Verhaltenskontrolle, Sinnerfülltheit vs. Depressivität, Wertschätzung durch andere, Standfestigkeit gegenüber Gruppen, Empathie – im Zeitverlauf abzubilden.[3] Lässt das Beratungssetting den Einsatz von Messskalen nicht zu, lassen sich die Beratungsgespräche mit Klient*innen dennoch verlaufsevaluativ gestalten, indem die Berater*innen relevante Fragen unter Berücksichtigung der jeweiligen Ergebnisinterpretation gezielt ansprechen und anschließend in einem Fallbearbeitungsbogen vermerken. Auch die Interpretationen entsprechender Messkonstrukte können als Orientierungshilfen bei Deradikalisierungsmaßnahmen eingesetzt werden.

Für phänomenbezogene Interventionen liegen inzwischen einige beachtenswerte Instrumente für Fallevaluationen wie bspw. das EvIs[4]-Tool vom Nationalen

---

[3] Vgl. auch: Forschungsgruppe Anti-Asyl-Agitation (2020, S. 28 ff.).
[4] Evaluationskriterien für die Islamismusprävention.

Zentrum für Kriminalprävention vor (Ullrich et al. 2019). Baruch et al. (2018) haben eine beachtliche Liste von Verfahren für verschiedene Erscheinungsformen, Radikalisierungsstufen und -dimensionen zusammengetragen, die direkt oder indirekt zur Anwendung kommen können (vgl. Tab. 6.1).

Auch auf dem Gebiet der Risikobewertung liegt eine Fülle an Tools vor, die eine kriterienbasierte Fallverlaufsevaluation ermöglichen. Allerdings müssen viele Bewertungstools auf diesem Gebiet einer eingehenden Testung in der Praxis unterzogen werden. Scarcella et al. (2016) haben im Rahmen einer systematischen Analyse eine Reihe von solchen Modellen und Instrumenten[5] mit Extremismus- und Fundamentalismusbezug herausgearbeitet (vgl. Tab. 6.2).[6]

Ein Forschungsstrang der angewandten Deradikalisierungsforschung, der sich standardisierten SPJ-Ansätzen zur Einschätzung der Deradikalisierungsgrade dschihadistischer Akteure widmet, kann zudem besonders hervorgehoben werden. Im Vergleich zu Risk Assessment liegen hier zwar noch nicht so viele Befunde und Ergebnisse vor. Mit dem NOORAPPLI 3D[7] stellten jedoch Bouzar und Bénézech (2019) ein beachtenswertes Bewertungstool mit einer soliden empirischen Grundlage und methodischen Anlage zur Diskussion.

Es sei an dieser Stelle angemerkt, dass einige Träger der Deradikalisierungsarbeit in Deutschland darüber hinaus über ihre eigenen, internen Diagnostiktools verfügen. Angesichts dieser fast schon unübersichtlichen Vielfalt von Ansätzen, Methoden und Instrumenten stellt sich das Thema „(Wirkungs-)Messung" an sich nicht als ein Problemfeld dar. Es ist vielmehr eine nach wie vor verbreitete skeptische Haltung gegenüber (der Möglichkeit einer Messbarkeit von) „Wirkungen" und „Effekten"/„Erfolgen" der Präventions- und Deradikalisierungsarbeit, die den Einsatz von (strukturierten) Verfahren und damit „Messerfolge" erschwert, und zwar aus mindestens zwei Gründen. Einerseits scheint sich die Fachpraxis auf die interpretativistische[8] Position mit ihrem Bild von Individuen als (zu) komplexen und komplizierten sozialen Wesen, die sich einer wissenschaftlichen Exploration scheinbar entziehen, zurückgezogen zu haben. Kausalitäten erscheinen in diesem kasuistisch-qualitativen Paradigma lediglich als Einzelfallkausalitäten bzw.

---

[5] Es sei an dieser Stelle auch das beachtenswerte Tool „Octagon" von Endrass und Rossegger (2019) erwähnt.

[6] Vgl. zu weiteren Instrumenten: Logvinov (2019, 2021).

[7] Neutralizing Online and Offline Radicalization in three evaluated dimensions leading to an emotional, relational or ideological change.

[8] Zu (Post-)Positivismus und Interpretativismus in der Kausalforschung vgl. Ruffa und Evangelista (2021).

Tab. 6.1 Übersicht VEEM[9]-Inventar. (Quelle: Baruch et al. 2018, S. 487 f.)

Category of violent extremism attributes	Specific violent extremism attributes	Specific suggestions and examples of measurement tools/tests
Initial states	Anger, frustration and outrage towards wider society and culture	Positive and negative affect schedule (PANAS) (Watson et al., 1988). - Harrington's frustration discomfort scale (2005). - State–trait anger expression inventory (STAXI) (Spielberger and Reheiser, 2010).
		- Measures of anger, aggression, and violence (e.g. Ronan et al., 2013). - Emotional stability scale (Chaturvedi and Chander, 2010; Williams et al., 2016). - Revised religious fundamentalism scale (Altemeyer and Hunsberger, 2004), which can be used in conjunction with measuring other 'initial states' attributes.
	Dissatisfaction and distancing of individuals/groups from society, segregation and insularity from wider society	- Social network analysis (e.g. Scott, 2013). - Social isolation measures (e.g. Zavaleta et al., 2017). - Integrative complexity (e.g. Savage et al., 2014). - The BRAVE-14 Standardised Measure for Youth Resilience to Violent Extremism (including measures of connectedness – Grossman et al., 2014).
	Alienation and perceived 'otherness'	- Jessor and Jessor social alienation scale (1977). Violent extremism risk assessment (VERA) (e.g. Pressman, 2016).
	Genuine and perceived levels of discrimination leading to anger, frustration and hatred; translation of frustration and anger into revenge and hatred	- Sympathy for violent radicalisation and terrorism (SyfoR) scale (Bhui et al., 2014). - Major experiences of discrimination scale or the everyday scale (Williams et al., 1997).
	A sense of grievance and consequent distrust and rejection of the authorities and society	- Consulting a variety of social surveys and data. - Grievance, activism, and radicalism scale (McCauley, 2007 in Williams et al., 2016). - Rosenberg's set of questions on trust in people (Rosenberg, 1956). - Trust in police scale (Williams et al., 2016).
	Disempowerment and consequent lowered resilience to radicalisation	- Measures of attachment (Stein, 2017). - Normative belief measures (Amjad and Wood, 2009). - Self-esteem and empathy measures (e.g. Feddes et al., 2015 and Rosenberg, 1965). - Integrative complexity (e.g. Savage et al., 2014). - Brief resilience coping scale (e.g. Sinclair and Wallston, 2004).

(Fortsetzung)

[9] Violent Extremism Evaluation Measurement Framework.

Tab. 6.1 (Fortsetzung)

Category of violent extremism attributes	Specific violent extremism attributes	Specific suggestions and examples of measurement tools/tests
Initial manifestations	Lack of political participation or lack of involvement in the democratic political process, and frustration at lack of status and recognition in mainstream society, leading to contempt and alternative recognition	– Hansard audit of political engagement (Hansard Society, 2016). – Questionnaires, surveys and focus groups are all effective ways to understand these levels of activity and what drives them. – Ipsos MORI veracity index (2016).
	Identification with, belief in and acceptance of extremist narratives (including that violence is acceptable, justified and necessary)	– Analysing data from narrative inquiry (e.g. Clandinin and Connelly, 2000) and spatial patterning. – Role of the internet.
	Regularly accessing and viewing extremist websites and engaging with others on extremist forums and chatrooms	– Analysing instances of accessing, viewing and engaging using institution-specific tracking tools.
	Posting, sharing and interacting with extremist content in social media	– Lexical/textual analysis tools. – Social network analysis tools (e.g. Scott, 2013).
Extremist manifestations	Exploitation of individual vulnerability to recruit, radicalise and mobilise	– Established instances of recruitment and mobilisation. The numbers of such instances would then be compared.
	Utilisation of criminality, both for recruitment and for contacts, access and knowledge for extremist groups	– Contextualised approach to ascertaining the type of crimes of relevance (e.g. Andre and Harris-Hogan, 2013). – Indicators of criminal behaviour from other fields, such as gang litterature (Davies et al., 2017).
	Individual membership of extremist groups leading to indoctrination and terrorist training	– No specific measure, but to consider the number of relevant instances, which can be ascertained using tools such as interviews, social media analysis, or social network analysis.
	Violent radicalisation of individuals and groups to the point of terrorism or travelling abroad with the intention of committing an act of terrorism	– Violent extremist risk assessment (VERA) (Pressman, 2016).

Tab. 6.2 Extremismusrelevante Risikoinstrumente und –taxonomien. (Quelle: Scarcella et al. 2016, S. 8)[10]

Acronyms and abbreviations used	Study/tool	Year	Author(s)	Author(s) background	Journal of publication
1992-RWA	Right-Wing Authoritarianism Scale	1992	B. Altemeyer, B. Hunsberger	Psychology	The International Journal for the Psychology of Religion
Borum (2014)	Borum's propensities for involvement with violent extremism	2014	R. Borum	Psychology	Behavioral Sciences and the Law
ARIS	Activism and Radicalism Intention Scale	2009	S. Moskalenko, C. McCauley	Homeland Security, Psychology	Terrorism and Political Violence
ARIS-S	Activism and Radicalism Intention Scale—Spanish Version	2016	H.M. Trujillo, M. Prados, M. Moyano	Psychology, Philosophy	International Journal of Social Psychology
EMI-20	Extremism Monitoring Instrument	2014	A.P. Schmid	Terrorism Research	ICCT Research Paper
ERG 22+	Extremism Risk Guidelines	2011	National Offender Management Service	Psychology	Journal of Threat Assessment and Management
ERS	Extremism Risk Screen	2011	National Offender Management Service	Psychology	Journal of Threat Assessment and Management
Horgan (2008)	Horgan's predisposing risk factors for involvement in terrorism	2008	J. Horgan	Psychology	The ANNALS of the American Academy of Political and Social Science
IFS	Islamic Fundamentalism Scale	2014	I.E. Putra, Z.A. Sukabdi	Psychology	Peace and Conflict: Journal of Peace Psychology
ITFS	Intra-Textual Fundamentalism Scale	2007	W.P. Williamson, A. Ahmad	Psychology	Journal of Muslim Mental Health
IVPG (study A)	Identifying Vulnerable People Guidance	2015	J. Cole, E. Alison, L. Alison	Psychology	PREVENT guidance document
IVPG (study B)	Identifying Vulnerable People Guidance	2016	V. Egan, J. Cole, S. Eintib	Psychology	Journal of Threat Assessment and Management
Kebbell & Porter (2012)	Risk factors associated with violent extremism	2012	M.R. Kebbell, L. Porter	Psychology	Security Journal
MDFI	Multi-Dimensional Fundamentalism Inventory	2011	J. Liht, L.G. Conway III, K. O'Neill	Psychology	Archive for the Psychology of Religion
MEMS	Militant Extremist Mind-Set	2010	L. Stankov, G. Saucier, G. Knezevic	Pedagogy and Practice, Psychology	Psychological Assessment
MMPI-2	Minnesota Multiphasic Personality Inventory	2004	M. Gottschalk, S. Gottschalk	Psychology	The American Sociologist

sie sollen oder können vermeintlich nur für Einzelfälle gelten (vgl. auch „performative Kausalität"[11]). Diese Interpretation erschwert die Erforschung von Kausalitäten durch die Anwendung von Variablenmodellen (bspw. in kontrafaktischen Analysen), die Abbildung von Prozessen, Mustern sowie (Sub-)Typen und die detaillierten vergleichenden Fallstudien (positivistischer Ansatz und kausale Zusammenhänge). Andererseits sind sozialwissenschaftliche Kausalanalysen ein Novum für die praxisorientierte Deradikalisierungsforschung und die Fachpraxis, weshalb weder die Formen bzw. Arten von Kausalität noch die kausalen Mechanismen der Deradikalisierung bislang zufriedenstellend reflektiert werden.

---

[10] Vgl. auch Activist-Radicalism-Intentions-Scales (ARIS), Sympathy for violent radicalisation and terrorism scale (SyFor), Sympathies for Violent Protest and Terrorism scales (SVPT).

[11] „Wirkungen resultieren gemäß diesem Ansatzpunkt nicht aus allgemeinen Gesetzmäßigkeiten, und sie können auch nicht durch sozial,tief' angesiedelte Mechanismen verstanden werden. Sie repräsentieren stattdessen performative Leistungen bzw. situierte Praxen von Akteur*innen in deren Interaktion. Im Mittelpunkt stehen deren kontextualisierte Aktivitäten und Deutungen" (Dollinger 2018, S. 9).

Im Zusammenhang mit der realistischen Evaluation bzw. dem CMO[12]-Ansatz scheint jedoch das post-positivistische Verständnis von Kausalitäten als komplexe(s) und kontextabhängige(s) Mechanismen(wissen) an Popularität zu gewinnen, wobei deren Studium zur Verbesserung externer Validität angestrebt wird (mechanismische Kausalität). Ein kausaler Mechanismus ist demnach ein System von Variablen (Faktoren), die auf eine systematisch voraussehbare Art interagieren, was ihre Übertragung auf andere Kontexte ermöglicht (Johnson und Ahn 2017, S. 2). Demgemäß gehe es nicht primär um das „Was", sondern um das „Wie" und das „Warum" eines verursachten Ereignisses. Was auf den ersten Blick als Befreiung von der positivistischen Pflicht zum methodischen Rigorismus wirken mag, stellt sich bei genauem Besehen als eine anspruchsvolle und nicht triviale Art der multivariaten Forschungen heraus (Pearl und Mackenzie 2018; Morgan 2013). Denn die Frage nach Wirkmechanismen setzt (datenbasiertes) Wissen über potenzielle Zusammenhänge zwischen Effekten (Ergebnissen) und Wirkungen von Prozessvariablen, d. h. über die Wirkungsweise der ergriffenen Maßnahmen voraus. Mit anderen Worten: Um der Frage nach dem „Ob" nachzugehen, muss zunächst die „Wie"/„Warum"-Hypothese stehen, die anschließend mit geeigneten Methoden überprüft wird. Vor diesem Hintergrund erweist sich der Interpretativismus als Haltung in der Radikalisierungsprävention und Deradikalisierungsarbeit als (analytisches) Hindernis für Wirkungsforschung.

Ähnliches gilt für die Skepsis gegenüber dem Erfolgs- und Effektivitätsgedanken, die die Fachpraxis und Praxisforschung bis dato mehr oder minder daran hinderte, das Konstrukt der Effektivität von Deradikalisierungsmaßnahmen zu konkretisieren, entsprechende Indikatoren zu bilden, diese Kriterien zu operationalisieren und relevante kausale Verursachungsfaktoren zu bestimmen.

---

[12] Context, mechanism, outcome.

Fazit und Ausblick 7

Qualität ist zwar kein neues Thema in der Deradikalisierungsarbeit – weder als Bestandteil der Organisationsgestaltung noch als fachlich zu entwickelnde Größe. Allerdings wird die Qualitätsförderung im Tätigkeitsfeld vornehmlich durch externe Evaluations- sowie Forschungsvorhaben und weniger durch eine (interne) QE-Vereinbarung vorangetrieben. Deswegen konnte die Perspektivenerweiterung hin zur datenbasierten SPE-Qualität noch nicht in notwendigem Maße vollzogen werden. Daraus resultieren weitere externe Maßnahmen, die die wahrgenommenen „Legitimierungsdefizite" ausgleichen, professionsstabilisierend wirken und notwendiges praxisrelevantes Wissen generieren sollen, oder gar Forderungen nach mehr Qualitätskontrolle und -aufsicht. QS mag als ein wichtiger und notwendiger Schritt erscheinen. Allerdings kann sie nicht ohne interne fachliche QE gelingen. *Denn Qualität als Gelingen setzt QE als Gelingensbedingung voraus.* QE bedarf zugleich eines (datenbasierten) „Managements des Gelingens" (QM) in Organisationen. Effektivitätsorientierte Ausgestaltung des Prozess- und Zielcontrollings kann nur als fortlaufende interne Bewertungsmaßnahme zufriedenstellend funktionieren – vor allem im Handlungsfeld der sicherheitsrelevanten (sekundären und) tertiären Prävention.

Es steht daher außer Frage, dass die interpretativistische Denkweise und die Skepsis gegenüber „Wirkungen", „(Miss-)Erfolgen", „Resultaten" und der „Effektivität" überwunden werden müssen, um entsprechende Gelingensbedingungen, Verursachungsfaktoren und Qualitätsindikatoren entwickeln und reflektieren zu können. Die praxisorientierte Deradikalisierungs- und Evaluationsforschung bedarf daher einer Perspektivenerweiterung hin zur (systematischen) Ergebnis- und Wirkungsorientierung – auch wenn es eine vergleichsweise neue und nicht triviale Domäne ist.

M. Logvinov, *Qualität in der Deradikalisierungsarbeit*, essentials, https://doi.org/10.1007/978-3-658-36552-3_7

Was sie aus diesem *essential* mitnehmen können

- Deradikalisierende Maßnahmen der Fachpraxis haben konkrete Auswirkungen auf die Sicherheitslage. In diesem Zusammenhang wird deutlich, dass die Qualitätsentwicklung und eine Diskussion über Effekte und Wirkungen der Deradikalisierung zu einem integralen Bestandteil der Deradikalisierungsarbeit werden müssen.
- Die Selbstverpflichtung der Politik zur Förderung der (Weiter-)Entwicklung von geeigneten Instrumenten zeugt von einer spezifischen Nuancierung der Qualitätsentwicklung in der Deradikalisierung, die sich von anderen Qualitätsphilosophien, etwa in der Sozialen Arbeit, teils abhebt.
- Es lassen sich dabei mindestens zwei wesentliche Unterschiede feststellen: Einerseits handelt es sich um die Selbstverpflichtung der „Program Owner" zur Weiterentwicklung von Qualität mit vorwiegend *externen* Forschungs- und Evaluationsmaßnahmen – im Gegensatz zu einer dezidierten Qualitätsentwicklungsvereinbarung mit den jeweiligen Trägern. Andererseits heben politische Entscheidungsträger und einschlägige Forschungen über das Arbeitsfeld auf die Qualitätssicherung ab.
- Qualität ist ein mehrdimensionales Konstrukt und lässt sich aus unterschiedlichen Perspektiven im Hinblick auf seine logischen Dimensionen definieren (deskriptiv-analytische, evaluative, normative und handlungsorientierte Dimension).
- Die explizite und organisatorisch verankerte Beschäftigung mit Qualität erfüllt eine Legitimierungsfunktion nach außen und nach innen. Die Notwendigkeit einer Legitimierung nach außen hängt damit zusammen, dass die Leistungsnehmer*innen und die Öffentlichkeit Qualität(-sentwicklung) voraussetzen.

Intern erweisen sich kritische Reflexionen methodischen Handelns als professionsstabilisierend – mit Blick auf die Selbstvergewisserung hinsichtlich der Ziele, Prozesse, Ergebnisse und der Nachvollziehbarkeit von Qualitätsmaßstäben. Damit geht zweitens die Orientierungsfunktion der Qualitätsdebatte einher (Merchel 2013).

- Damit Qualität gelingt, müssen neben dem gesamtgesellschaftlichen Kontext personale (Qualitätsethos), interaktionale (Kooperationsformen) und organisationale Bedingungen (Konzeptions-, Struktur-, Prozess- und Ergebnisqualität) erfüllt sein (Dehn und Zech 2021). Bei der Prozess- bzw. Interaktionsqualität ist es sinnvoll, zwischen Primärprozessen (direkte Interaktion mit Klient*innen) und Sekundärprozessen (keine unmittelbare Interaktion) zu unterscheiden.

- Je nach Betrachtungsperspektive variieren die Reihenfolge und die Gewichtung der Dimensionen von Qualitätsmodellen. Das inputorientierte Paradigma spiegelt den sachlogischen Ablauf der Leistungserstellung wider. Das ergebnisorientierte Paradigma geht vom Nutzen (Ergebnis) der in Anspruch genommenen Dienstleistung aus. Auch wenn das inputorientierte Paradigma die Qualitätsdiskussion in der Deradikalisierungsarbeit nach wie vor prägt, ist ein Perspektivenwechsel hin zur Ergebnisorientierung notwendig.

- Den Qualitätsdiskurs in der Deradikalisierungsarbeit prägt eine ambivalente Haltung der Fachkräfte, die zwar grundsätzlich darin eine Chance sehen, zugleich aber den (externen) Maßnahmen der Qualitätssicherung mit Skepsis begegnen. Interessanterweise werden größtenteils dieselben Argumente angeführt, mit denen auch die Soziale Arbeit die Qualitätsoffensive – (miss-) interpretiert als einen Angriff auf die eigene Fachlichkeit – „abzuwehren" versuchte. Am häufigsten wird nach wie vor behauptet, dass sich die aus den individuellen Fallkonstellationen resultierenden Maßnahmen der Normung entziehen und sich die Qualität der Arbeit daher nicht messen lässt (DGQ 2016).

- Selbst wenn die Argumentation stimmig und die jeweiligen Fallkonstellationen bzw. Merkmalskombinationen „schier unendlich" sein sollen, so reagiert doch die Fachpraxis auf dieses „Income" mit einem nicht beliebigen, da methodisch begründeten, und nicht unendlichen Instrumentarium von fachlich fundierten Maßnahmen. Bei der Qualitätsentwicklung geht es daher darum, das eigene Handeln anhand von wissenschaftlichen und fachlichen Kriterien zu reflektieren und durch die Überprüfung von Qualitätskriterien/-indikatoren zu optimieren.

- Die nach wie vor ambivalente Haltung der Fachpraxis gegenüber der Überprüfung und gezielten Optimierung von Beratungsprozessen und ihrer Wirkungen wirkt angesichts einer vergleichsweise lebendigen Standard- und Methodendiskussion auf den ersten Blick verwunderlich. Beim genauen Besehen lässt sich die Konzentration auf die unumstrittenen ethischen Standards und strukturellen Kriterien durch ihre „entlastende Funktion" erklären.

- Es lässt sich festhalten, dass in den Arbeitsfeldern, in denen die Ergebnisorientierung von Anfang an eine wesentliche Größe war, zahlreiche Verfahren, Standards und Indikatoren von Qualität und Effektivität entstanden sind. Nicht alle lassen sich nahtlos auf die Deradikalisierungsarbeit übertragen. Es liegt zugleich eine Vielzahl an Ansätzen vor, die sich die Fachkräfte und Träger der Radikalisierungsprävention und Deradikalisierung genauer anschauen sollten.

- Qualitätsentwicklung als Gelingensbedingung ist ein Mittel zum Zweck und steht in einem Zusammenhang mit „Effektivität" als Maßgröße für Zielerreichung und „Wirksamkeit". Dies gilt auch für die Deradikalisierungsarbeit. Arbeitet doch die Fachpraxis anhand einer Vorstellung von Wirkungen (Zieldimension bzw. Resultate) auf die Verwirklichung von Wirkannahmen bzw. postulierten Zielen durch den Einsatz entsprechender Methoden und Techniken (Mitteldimension) hin. Die Qualitätsentwicklung und ihre Resultate – (wirkungsorientierte) Qualitätsstandards, Effektivitätsindikatoren bzw. Zielcontrolling als Grundlagen der Qualitätssicherung – sind zentrale Gelingensbedingungen wirksamer Deradikalisierungsmaßnahmen.

- Eine Qualitätsentwicklungsvereinbarung im Arbeitsfeld wäre ein effizienter und nachhaltiger Weg, notwendige Innovationen als Reaktion auf das dynamische Organisationsumfeld und den ständigen Wandel im Phänomenbereich zu befördern. Einerseits können die QS-Maßnahmen ohne fachlich begründete Standards und Qualitätskriterien kaum gelingen. Andererseits können externe (Evaluations-)Maßnahmen, die in größeren Zeitabständen ergriffen werden, interne Prozesse nicht ersetzen. Angesichts der nach wie vor bestehenden Mängel der Wirkungsforschung müssen zufriedenstellende Kriterien, Indikatoren und Prädiktoren durch die Fachpraxis erst erarbeitet werden.

- Überdies bedarf es einer Perspektivenerweiterung hin zur datenbasierten Gestaltung und Bewertung der Prozess- und Ergebnisqualität (bspw. Interaktions-, Verlaufs- und Outcome-Qualität). Hinsichtlich der Strukturqualität als Programmpotenzial erscheinen vor allem der Ausbau von Innovationskapazitäten und die Verbesserung der Datengenerierung und -auswertung von höchster Relevanz (kein Wissen und Wissensmanagement ist ohne Daten möglich).

- Die Logik der Qualitätsentwicklung und -bewertung fußt auf einem Ziele-Strategie-Modell oder genauer auf einer Zweck-Mittel-Ergebnis-Matrix, der folgende Fragestellungen zugrunde liegen: Was tun wir (nicht)? Warum tun wir das (nicht)? Welchen Nutzen erwarten wir von unserem Handeln? Und woran machen wir seine Wirksamkeit fest?

- Eine allgemeine Aussage über Wirkzusammenhänge wäre: Wir setzen ein Mittel A ein, damit sich ein Zustand B verändert (Zweck-Mittel-Dimension), um ein Ziel C zu erreichen (Ergebnisdimension), weil wir aufgrund von D (wissenschaftliche Erkenntnisse) davon ausgehen, dass B auf A „reagiert" (Handlungstheorie). Je nach Zielgruppe (direkter/indirekter Zugang), Subsystem (Mikro-/Meso-/Makroebene), Ansatz (pragmatisch, affektiv und ideologiekritisch) und Prozess (Primär-/Sekundärprozesse) werden die entsprechenden Handlungshypothesen und Wirkungsketten weiter spezifiziert. Zugleich steht die Frage im Raum: Waren es tatsächlich die ergriffenen Maßnahmen, die zum Outcome führten?

- Angesichts zahlreicher Ansätze, Methoden und Instrumente stellt sich das Thema „Messung" an sich nicht als ein Problemfeld dar. Es ist vielmehr eine nach wie vor vorhandene skeptische Haltung der Fachpraxis, die den Einsatz von (strukturierten) Verfahren aus mindestens zwei Gründen behindert. Einerseits scheint sich die Fachpraxis auf die interpretativistische Position mit ihrem Bild von Individuen als (zu) komplexen und komplizierten sozialen Wesen, die sich einer wissenschaftlichen Exploration scheinbar entziehen, zurückgezogen zu haben. Andererseits sind sozialwissenschaftliche Kausalanalysen ein Novum für die praxisorientierte Deradikalisierungsforschung und die Fachpraxis, weshalb weder die Formen bzw. Arten von Kausalität noch die kausalen Mechanismen der Deradikalisierung bislang zufriedenstellend reflektiert werden.

- Der Interpretativismus als Haltung in der Radikalisierungsprävention und Deradikalisierungsarbeit erweist sich als analytisches Hindernis. Ähnliches gilt für die Skepsis gegenüber dem Erfolgs- und Effektivitätsgedanken, die die Fachpraxis und Praxisforschung bis dato mehr oder minder daran hinderte, das Konstrukt der Effektivität von Deradikalisierungsmaßnahmen zu konkretisieren, entsprechende Indikatoren zu bilden, diese Kriterien zu operationalisieren und relevante kausale Verursachungsfaktoren zu bestimmen.

- Im Zusammenhang mit der realistischen Evaluation bzw. den CMO-Ansätzen scheint jedoch der post-positivistische Verständnis der Kausalitäten als komplexe(s) und kontextabhängige(s) Mechanismen(wissen) an Popularität zu gewinnen, wobei deren Studium zur Verbesserung externer Validität angestrebt wird.

- Qualität als Gelingen setzt ihre Förderung als Gelingensbedingung voraus. Die Qualitätsentwicklung bedarf zugleich eines (datenbasierten) Managements des Gelingens (QM) in Organisationen. Effektivitätsorientierte Ausgestaltung des Zielcontrollings kann nur als fortlaufende interne Evaluationsmaßnahme zufriedenstellend funktionieren – vor allem im Handlungsfeld der sicherheitsrelevanten tertiären Prävention.

- Es steht daher außer Frage, dass die interpretativistische Denkweise und die Skepsis der Fachpraxis und der Praxisforschung gegenüber „Wirkungen", „(Miss-)Erfolgen", „Resultaten" und der „Effektivität" überwunden werden müssen, um entsprechende Gelingensbedingungen, Verursachungsfaktoren und Qualitätsindikatoren entwickeln und reflektieren zu können.

Literatur

Andrews DA, Dowden C (2005) Managing correctional treatment for reduced recidivism: a meta-analytic review of programme integrity. Legal and Criminological Psychol 10(2):173–187. https://doi.org/10.1348/135532505X36723

Bagnoli L, Megali C (2011) Measuring performance in social enterprises. Nonprofit and Voluntary Sect Quart 40(1):149–165. https://doi.org/10.1177/0899764009351111

Baruch B, Ling T, Warnes R, Hofman J (2018) Evaluation in an emerging field: developing a measurement framework for the field of counter-violent-extremism. Evaluation 24(4):475–495. https://doi.org/10.1177/1356389018803218

Slama BB, Kemmesies U (Hrsg) (2020) Handbuch Extremismusprävention. Gesamtgesellschaftlich, phänomenübergreifend. Bundeskriminalamt, Wiesbaden (Polizei + Forschung, Band-Nummer 54)

Blanz M, Como-Zipfel F, Schermer FJ (Hrsg) (2013) Verhaltensorientierte soziale Arbeit. Grundlagen, Methoden, Handlungsfelder. Kohlhammer, Stuttgart

Bruhn M, Meffert H, Hadwich K (2019) Qualitätsmanagement im Dienstleistungsmarketing. In: Handbuch Dienstleistungsmarketing. Springer Gabler, Wiesbaden, S. 339–487. https://doi.org/10.1007/978-3-658-17233-6_5.

Bundesministerium des Innern, für Bau und Heimat (BMI) (2017) Nationales Präventionsprogramm gegen islamistischen Extremismus. https://www.bmi.bund.de/SharedDocs/downloads/DE/veroeffentlichungen/themen/sicherheit/praeventionsprogramm-islamismus.html. Zugegriffen: 26. März 2017

Caspari, A (2012) Chancen der Wirkungsorientierung für die entwicklungspolitische Bildungsarbeit. Zeitschrift für internationale Bildungsforschung und Entwicklungspädagogik 35(2): 11–17

Dehn C, Zech R (2021) Gelingendes Management. Handbuch für Organisationen der Bildung, Beratung und sozialen Dienstleistung. Vandenhoeck & Ruprecht, Göttingen

Deutsche Gesellschaft für Qualität (DGQ) (2016) Qualitätsmanagement in der sozialen Dienstleistung. Nützlich, lebendig, unterstützend. Beltz Juventa, Weinheim

Dollinger B (2018) Paradigmen sozial- und erziehungswissenschaftlicher Wirkungsforschung: Eine Analyse kausaltheoretischer Annahmen und ihrer Folgen für die Soziale Arbeit. Soziale Passagen 10:245–262

Donabedian A (2005) Evaluating the quality of medical care. Milbank Q 83(4):691–729. https://doi.org/10.1111/j.1468-0009.2005.00397.x

Duriez SA, Sullivan C, Latessa EJ, Lovins LB (2018) The evolution of correctional program assessment in the age of evidence-based practices. Corrections 3(2):119–136. https://doi.org/10.1080/23774657.2017.1343104

Ehrhardt A (2013) Methoden der Sozialen Arbeit. Wochenschau, Schwalbach

Figlestahler C, Schau K (2020) Zwischen Kooperation und Grenzziehung – Aushandlungen von Sicherheitsbehörden und Akteur*innen Sozialer Arbeit in der Radikalisierungsprävention. Soziale Passagen 12:421–439

Forschungsgruppe Anti-Asyl-Agitation (2020) Radikalisierungsverläufe im Kontext von Anti-Asyl-Agitation. Abschlussbericht an das Bundesministerium des Innern. Institut für interdisziplinäre Konflikt- und Gewaltforschung (Universität Bielefeld) sowie Zentrum für Rechtsextremismusforschung, Demokratiebildung und gesellschaftliche Integration (Friedrich-Schiller-Universität Jena)

Frese E (Hrsg) (1992) Handwörterbuch der Organisation. 3., völlig neu gestaltete Aufl. Poeschel, Stuttgart (Enzyklopädie der Betriebswirtschaftslehre, 2)

Geißler KA, Hege M (2001) Konzepte sozialpädagogischen Handelns. Ein Leitfaden für soziale Berufe. Beltz, Weinheim

Gendreau P, Andrews DA, Thériault Y (2010) Correctional Program Assessment Inventory-2010 (CPAI-2010). University of New Brunswick, Saint John, Canada

Gerull P (2007) Sozialwirtschaftliches Qualitätsmanagement. Grundlagen, Konzepte, Instrumente. VDM Verlag Dr. Müller, Saarbrücken

Herding M, Jukschat N, Lampe D, Frank A, Jakob M (2021) Neuausrichtungen und Handlungslogiken. Wissenschaftliche Begleitung der Modellprojekte im Themenfeld „Prävention und Deradikalisierung in Strafvollzug und Bewährungshilfe" im Bundesprogramm „Demokratie leben!" in der Förderphase 2020 bis 2024. Deutsches Jugendinstitut, München

Herrmann F, Müller B (2019) Qualitätsentwicklung in der Sozialen Arbeit. Grundlagen, Methoden, Umsetzung. Verlag W. Kohlhammer, Stuttgart (Grundwissen Soziale Arbeit)

Johnson SGB, Ahn W (2017) Causal mechanisms. In: Waldmann MR (Hrsg) The Oxford handbook of causal reasoning. Oxford University Press, S 127–146

Kaplan RS. (2001) Strategic Performance Measurement and Management in Nonprofit Organizations. In: Nonprofit Management Leadership 11(3), 353–370. https://doi.org/10.1002/nml.11308

Kemmesies U, Kowalski M (2020) Ethische Dilemmata in der Extremismusprävention – Co-Terrorismus, theoretische Notizen und praktische Ansätze. In: Slama BB, Kemmesies U (Hrsg) Handbuch Extremismusprävention. Gesamtgesellschaftlich, phänomenübergreifend. Bundeskriminalamt, Wiesbaden (Polizei + Forschung, Band-Nummer 54), S. 737–749

Kerr B (2013) CPAI-2010. Conducted on Jersey Probation and Aftercare Service's Community Supervision service. Swansea

Koehler D (2017) Understanding deradicalization. Methods, tools and programs for countering violent extremism. Routledge, London

Köhler D (2014) Grundlegende Qualitätsstandards in der Angehörigenberatung als Teilbereich der Deradikalisierungsarbeit. https://journal-exit.de/wp-content/uploads/2020/05/102-407-1-CE_DK_ST.pdf. Zugegriffen: 25. Mai 2021

Köhler D (2018) Strukturelle Qualitätsstandards in der Interventions- und Präventionsarbeit gegen gewaltbereiten Extremismus. Ein Handbuch für Praktikerinnen, Praktiker und staatliche Koordinationsstellen sowie zivilgesellschaftliche Projektträger in Deutschland (2. Auflage). http://kpe-bw.info/wp-content/uploads/2019/11/FINAL-konex-Qualit%C3%A4tsstandards-2.-Auflage-Nov2018.pdf. Zugegriffen: 26. Mai 2021

Kolip P (2017) Qualitätssicherung, Qualitätsentwicklung, Qualitätsmanagement. https://leitbegriffe.bzga.de/alphabetisches-verzeichnis/qualitaetssicherung-qualitaetsentwicklung-qualitaetsmanagement/. Zugegriffen: 27. Febr. 2017

Kollak I, Schmidt S (2019) Instrumente des Care und Case Management Prozesses. 2, aktualisierte. Springer, Berlin

Kostka C, Kostka S (2007) Der Kontinuierliche Verbesserungsmanagement. Hanser, München

Koynova S (2021) Evaluationsbedarfe der Praxis. Ergebnisse einer Bedarfsabfrage im Präventionsfeld Islamistischer Extremismus, PRIF Spotlight 8/2021, Frankfurt/M

Latessa EJ (2004) The challenge of change: correctional programs and evidence-based practices. Criminol & Public Policy 3(4):547–560. https://doi.org/10.1111/j.1745-9133.2004.tb00061.x

Latessa EJ (2013) Evaluating correctional programs. https://www.unafei.or.jp/english/pdf/RS_No88/No88_11VE_Latessa_Evaluating.pdf. Zugegriffen: Jan. 2018

Lee C, Nowell B (2015) A framework for assessing the performance of nonprofit organizations. Am J Eval 36(3):299–319. https://doi.org/10.1177/1098214014545828

Logvinov M (2021) Risk Assessment im Extremismuskontext. Ein Leitfaden zur fallbezogenen Risikodiagnostik. Springer, Wiesbaden

MAPEX-Forschungsverbund (Hrsg) (2021a) Strukturen schaffen, gemeinsam handeln und Qualität sichern. Eine Handreichung zur Ausrichtung und Zukunft der Radikalisierungsprävention und -intervention mit dem Schwerpunkt des islamistischen Extremismus in Deutschland auf der Grundlage eines systematischen Mappings der Präventionslandschaft. MAPEX, Osnabrück

MAPEX-Forschungsverbund, (Hrsg) (2021b) Radikalisierungsprävention in Deutschland. Mapping und Analyse von Präventions- und Distanzierungsprojekten im Umgang mit islamistischer Radikalisierung, 1. Aufl. MAPEX, Osnabrück

Marks E, Meyer A, Linssen R (2005) Beccaria-Standards zur Qualitätssicherung kriminalpräventiver Projekte, Hannover

Merchel J (2013) Qualitätsmanagement in der Sozialen Arbeit. Eine Einführung. 4., aktualisierte Auflage. Beltz Juventa, Weinheim. https://d-nb.info/1028764715/04

Meyer A, Mattmüller R (1987) Qualität von Dienstleistungen. Entwurf eines Praxisorientierten Qualitätsmodells. Marketing ZFP 3:187–195

Milbradt B, et al. (2021) Evaluation von Programmen und Projekten der Demokratieförderung, Vielfaltgestaltung und Extremismusprävention: Gegenstand, Entwicklungen und Herausforderungen. Beltz Juventa, Weinheim

Möller K, Neuscheler F (2018) Abschlussbericht zur Evaluation der Beratungsstelle Hessen – Religiöse Toleranz statt Extremismus. Berlin

Münch H (2020) Vorwort. In: Slama BB, Kemmesies U (Hrsg) Handbuch Extremismusprävention. Gesamtgesellschaftlich, phänomenübergreifend. Bundeskriminalamt, Wiesbaden (Polizei + Forschung, Band-Nummer 54), S. 8–9

Pearl J, Mackenzie D (2019) The book of why. The new science of cause and effect. Basic Books, New York

Preiser S, Wagner U (2003) Gewaltprävention und Gewaltverminderung. Qualitätskriterien für Präventions- und Interventionsprogramme. Report Psychologie 11/12:660–666

Quay HC (1977) The three faces of evaluation: what can be expected to work. Crim Justice Behav 4(4):341–354. https://doi.org/10.1177/009385487700400402

Rabasa A, Pettyjohn SL, Ghez JJ, Boucek C (2010) Deradicalizing Islamist Extremists, Santa Monica (RAND)

Rauscher O, Mildenberger G, Krlev G (2015) Wie werden Wirkungen identifiziert? Das Wirkungsmodell. In: Schober C, Then V (Hrsg) Praxishandbuch Social Return on Investment. Wirkungen sozialer Investitionen messen. Stuttgart, S. 41–58

Reiter A, Fischer B, Kötting J, Geraedts M, Jäckel WH, Döbler K (2008) QUALIFY: Ein Instrument zur Bewertung von Qualitätsindikatoren. Zeitschrift für ärztliche Fortbildung und Qualität im Gesundheitswesen - German Journal for Quality in Health Care 10(101):683–688

Ruffa C, Evangelista M (2021) Searching for a middle ground? A spectrum of views of causality in qualitative research. Rivista Italiana di Scienza Politica 1–18. https://doi.org/10.1017/ipo.2021.10

Scarcella A, Page R, Furtado V (2016) Terrorism, Radicalisation, Extremism, Authoritarianism and Fundamentalism: A Systematic Review of the Quality and Psychometric Properties of Assessments. PloS 11 (12), e0166947. https://doi.org/10.1371/journal.pone.0166947

Scholz C (1992) Effektivität und Effizienz, organisatorische. In: Frese E (Hrsg): Handwörterbuch der Organisation. 3., völlig neu gestaltete Aufl. Poeschel, Stuttgart (Enzyklopädie der Betriebswirtschaftslehre, 2), S. 534–551

Schuhmacher N (2018) Ein neues Bild der Prävention? Zur Tendenz der „Versicherheitlichung" im pädagogischen Feld. In: Glaser M, Frank A, Herding M (Hrsg): Gewaltorientierter Islamismus im Jugendalter. Perspektiven aus Jugendforschung und Jugendhilfe (S. 158–166). Sozialmagazin, 2. Sonderband

Smith P, Gendreau P, Swartz K (2009) Validating the principles of effective intervention: a systematic review of the contributions of meta-analysis in the field of corrections. Victims & Offenders 4(2):148–169. https://doi.org/10.1080/15564880802612581

Sowa JE, Selden SC, Sandfort JR (2004) No longer unmeasurable? A multidimensional integrated model of nonprofit organizational effectiveness. Nonprofit and Voluntary Sect Quart 33(4):711–728. https://doi.org/10.1177/0899764004269146

Stockmann R (2006) Evaluation und Qualitätsentwicklung. Eine Grundlage für wirkungsorientiertes Qualitätsmanagement. Münster

Treadwell J, Perez R, Stubbs D, McAllister JW, Stern S, Buzi R (2015) Case Management and Care Coordination. Springer International Publishing, Supporting Children and Families to Optimal Outcomes

Uhlmann M (2017) Evaluation der Beratungsstelle „Radikalisierung". Abschlussbericht. Nürnberg

Uhlmann M (unter Mitarbeit von Dana Wolf) (2021) Qualitätssicherung und -weiterentwicklung. Evaluation in der Präventionspraxis. In: BAMF (Hg.): Deradikalisierungs- und Distanzierungsarbeit. Begleitbuch zum Qualifizierungslehrgang (Umfeld-)Beratung im Phänomenbereich islamistisch begründeter Extremismus [= Beiträge zu Migration und Integration, Band 9], S. 202–205

Ullrich S et al (2019) Evaluationskriterien für die Islamismusprävention. NZK, Bonn

Van de Donk M, Uhlmann M, Keijzer F (2019) Handbuch zu Peer- und Self-Review in der Ausstiegsarbeit. https://ec.europa.eu/home-affairs/sites/homeaffairs/files/what-we-do/networks/radicalisation_awareness_network/about-ran/ran-exit/docs/ran_exit_peer_self_review_manual_for_exit_work_de.pdf. Zugegriffen: 26. Mai 2021

Violence Prevention Network (VPN) (Hrsg) (2020) Standards in der Beratung des sozialen Umfelds (mutmaßlich) islamistisch radikalisierter Personen. Handreichung des Beratungsstellen-Netzwerks der Beratungsstelle „Radikalisierung" des BAMF. https://www.bamf.de/SharedDocs/Anlagen/DE/Forschung/deradikalisierung-standardhandreichung-2020.pdf?__blob=publicationFile&v=10. Zugegriffen: 26. Mai 2021

Vomberg E (2010) Praktisches Qualitätsmanagement. Ein Leitfaden für kleinere und mittlere Soziale Einrichtungen. W. Kohlhammer, Stuttgart

Waleciak J (2021) Die Handlungspraxis der Deradikalisierungsarbeit in Deutschland – Eine explorative Systematisierung der praktischen Ansätze. In: MAPEX-Forschungsverbund, (Hrsg) (2021) Radikalisierungsprävention in Deutschland. Mapping und Analyse von Präventions- und Distanzierungsprojekten im Umgang mit islamistischer Radikalisierung, 1. Aufl. MAPEX, Osnabrück, S 115–142

Wolfowicz M, Litmanovitz Y, Weisburd D, Hasisi B (2021) Cognitive and behavioral radicalization: a systematic review of the putative risk and protective factors. Campbell Syst Rev https://doi.org/10.1002/cl2.1174

Zech R (2009) Kundenorientierte Qualitätstestierung für Beratungsorganisationen. Leitfaden für die Praxis. Expressum, Hannover

Zech, Rainer (2014): Kundenorientierte Qualitätstestierung für soziale Dienstleistungsorganisationen. Leitfaden für die Praxis. Modellversion 2. Hannover: Expressum-Verlag

Zech R (2015) Qualitätsmanagement und gute Arbeit. Springer Fachmedien, Wiesbaden

Zech R, Dehn C (2017) Qualität als Gelingen. Grundlegung einer Qualitätsentwicklung in Bildung, Beratung und Sozialer Dienstleistung. Vandenhoeck & Ruprecht, Göttingen